文春文庫

ワールドカップ戦記

飛翔編　1994-2002

スポーツ・グラフィック ナンバー編

文藝春秋

ワールドカップ戦記　飛翔編　目次

ワールドカップ戦記 飛翔編
1994-2002

フランス大会 アジア予選
悲願のワールドカップ出場まで

016 アジア1次予選の総括

020 アジア最終予選の総括

1997年9月7日 東京・国立競技場
024 JAPAN 6-3 UZBEKISTAN
大量得点、白星スタートも好ムードは残らず。

1997年9月19日 アブダビ・ザイードスポーツシティ
028 JAPAN 0-0 UAE
猛暑のなかのアウェー初戦。引き分け狙いは是か非か。

1997年9月28日 東京・国立競技場
032 JAPAN 1-2 KOREA Rep.
ライバルに痛恨の逆転負け。指揮官の差が明暗を分けた。

1997年10月4日 アルマトイ・セントラルスタジアム
038 JAPAN 1-1 KAZAKHSTAN
ロスタイムに浴びた同点弾。加茂監督の更迭決まる。

1997年10月11日 タシケント・パフタコールスタジアム
044 JAPAN 1-1 UZBEKISTAN
岡田新監督は勝利ならずも、意義ある勝ち点1を確保。

1997年10月26日 東京・国立競技場
048 JAPAN **1-1** UAE
風待ち無策の結果、またもや勝利は遠く。

1997年11月1日 ソウル・蚕室オリンピックスタジアム
052 JAPAN **2-0** KOREA Rep.
土壇場で韓国を撃破。日本は息を吹き返した。

1997年11月8日 東京・国立競技場
058 JAPAN **5-1** KAZAKHSTAN
確かな自信を手にして、第3代表決定戦へ。

1997年11月16日 ジョホールバル・ラルキンスタジアム
062 JAPAN **3-2** IRAN
伝説が作られた夜。

クローズアップ
074 **中田英寿**
「楽しかったあの夜」

フランス大会 1998 FIFA World Cup France

3戦3敗――かくも厳しい結果

091 日本代表メンバー

092 フランス大会グループHの総括

1998年6月14日 トゥールーズ スタジアム・ミュニシパル

096 JAPAN **0-1** ARGENTINA

強豪を相手に善戦も、見せつけられた世界の壁。

1998年6月20日 ナント スタッド・ドゥ・ラ・ボージョワール

110 JAPAN **0-1** CROATIA

消極的采配が招いた黒星。勝てる試合を落とす。

1998年6月26日 リヨン スタッド・ドゥ・ジェルラン

124 JAPAN **1-2** JAMAICA

3戦全敗という結末に、こみ上げる怒り。

クローズアップ・キーマン

136 戦士たちの肖像

秋田豊 「確かな自信」

中西永輔 「恐くはなかった」

山口素弘 「突きつけられた課題」

名波浩 「経験の差が出た」

相馬直樹 「強豪相手に手応え」

名良橋晃 「普段と同じ気持ちで」

日韓大会へ 自国開催への助走

フィリップ・トゥルシエとの波乱の日々

ワールドカップ戦記　飛翔編

フランス大会　アジア予選

1998
FIFA World Cup
France

アジア1次予選の総括

悲願のワールドカップ出場に向けてスタートした1次予選は、オマーン、マカオ、ネパールと同組で、1997年3月にオマーン、6月に日本とダブルセントラル方式で行なわれた。

オマーンに入る前のキングスカップ、ルーマニアとの3位決定戦は、加茂周監督が「現時点でのベストメンバー」という布陣で戦った。だが、初戦の大事なオマーン戦では、加茂監督がエースとして期待し、ベストメンバーにも入っていた選手の名前が消えていた。

アトランタ五輪でキャプテンとして活躍した前園真聖《まさきよ》である。

前園は、ワールドカップ予選に向けて、チームをさらに進化させるための最終兵器として加茂監督が考えていた選手だった。ところが、なかなかチームにフィットせず、オマーン戦直前の親善試合、タイ戦も1―3で敗れるなど機能しなかった。「チームがバラバラになってしまった」と、ついに前園外しの決断を下したのである。

オマーン戦、前園の代わりに森島寛晃を置いたものの若手主体のオマーンに手を焼き、チームの攻撃はチグハグのまま元に戻らなかった。DFのクリアボールを小村徳男が右足で決めた1点を守り切って、なんとか勝利したが、試合後、加茂監督は「全体的に消極的だった」と、ボヤきが止まらなかった。

前園と入れ代わり、日本ラウンドで救世主となったのが、中田英寿だった。

前園の親友でもあった中田は、日本ラウンド前に行なわれた日韓戦で衝撃の代表デビューを飾ると、そのまま日本の攻撃の中心的存在になったのである。

日本ラウンドは、中田を軸とした代表チームのお披露目とともに、日本の新たな布陣を試す場になった。最終予選で山口素弘とボランチを組むことになる名波浩は、日本ラウンドのマカオ戦で後半、ボランチに入った。オマーン戦でものちに自ら「2・5列目」と称するポジションでプレーし、その位置を確立させるキッカケを作った。また、最終予選を見据えて、何度かテストしていた3バックを採用。キャプテンの井原正巳をリベロに置き、斎藤俊秀、鈴木秀人で最終ラインを構成した。

決戦となったオマーン戦は、前半4分に中田がヘディングゴールを決め、スタートは上々だった。だが、相手の堅守に手こずり、追加点を奪えない。後半に追い付かれると、そのまま1―1のドローで終わった。引いた相手を崩してゴールを奪うという課題は、日本の永遠のテーマでもある。日本ラウンド初戦のマカオ戦で6点取ったエースの三浦知良《かずよし》、そして中田、名波という攻撃の二枚看板がいながらもなかなか打開できない状況に、山口も「攻撃がチグハグでちょっとイライラするね」と、不満を隠さなかった。

試合後、5勝1分けで1次予選を突破した加茂監督は、「野球で言えば、まだ2回の攻防が終了したところ。3回以降は9月からの最終予選。課題はたくさんあるが、これからが本番だ」と、余裕の表情を見せた。

一方の中田は、引き分けに憮然とした表情を見せて、国立を去った。

監督と選手の間に流れる微妙な温度差。最終予選で起こる事件の火種は、すでにこの段階で発火していたのである。

（佐藤俊）

1998 FIFA World Cup France ASIAN FIRST QUALIFIERS
GROUP 4

1997年3月23日 オマーン・マスカット
Oman **0-1** Japan

1997年3月25日 オマーン・マスカット
Macau **0-10** Japan

1997年3月27日 オマーン・マスカット
Nepal **0-6** Japan

1997年6月22日 東京・国立競技場
Japan **10-0** Macau

1997年6月25日 東京・国立競技場
Japan **3-0** Nepal

1997年6月28日 東京・国立競技場
Japan **1-1** Oman

1998
FIFA World Cup
France

アジア最終予選の総括

フランスへの道程は、未知の扉を押し開く苦難の旅だった。

フランスへの切符は、わずか一・五枚、最終予選グループB組には宿敵・韓国がいた。前回アメリカ大会は、ドーハでのセントラル開催だったが、今回はホーム&アウェイになるなど開催方式も変更になった。最終予選が、いったいどんなものなのか。選手もマスコミもサポーターも国民も分からないまま、手探りで突入して行った。

初戦のウズベキスタン戦、カズのハットトリックなどで6点を奪ったが、終わってみれば6—3。加茂監督は、大味なスコアに隠れたチームの危うさに気付いていたのか、「いつかツケを払う時が来る」と、予言めいた言葉を残した。つづく酷暑のアブダビで行なわれたUAE戦は、勝てた試合だったが引き分けた。国立での韓国戦は、選手交代の失敗から痛烈な逆転負けを喰らった。

この敗戦のダメージは、かなり深刻だった。

予選突破という未知なる挑戦への恐怖感、そのミッションを果たさなければならないプレッシャーもあったが、チームの戦い方に前途が見えない中、選手もマスコミもサポーターも言い知れぬ不安を抱えるようになっていた。

その不安が現実となったのが、カザフスタン戦の引き分けだった。アウェイでの勝点1は悪くない結果だが、チームは自信と活力を失っていた。

その直後、最初の事件が起きる。カザフスタン戦の夜、長沼会長が決断し、加茂監督は解任、岡田武史コーチが監督に昇格したのである。

岡田監督は「戦えない者は使わない」と、中田をスタメンから外す荒療治に出たが、状況は好転せず、ウズベキスタン戦もドロー。「最も重要な試合」と位置付けた国立でのUAE戦も引き分け、日本は自力での最終予選突破が消滅した。

2度目の事件は、その夜に起きた。

サポーターの一部が暴発し、選手の乗るバスを封鎖。イスや卵などが投げ込まれ、激怒したカズが相手に食ってかかろうとするところをスタッフに止められた。誰もがフランスの灯が霞んでしまった苛立ちを抱え、そして押さえ切れなくなっていたのである。ドン底の状態の中、ソウルでの韓国戦は、完膚なきまでにやられて引導を渡されるだろう。多くの人が、そう思っていたのではないだろうか。

だが、開き直った日本にサッカーの女神は、微笑んだ。

長く苦しい負の連鎖を名波浩の美しいゴールで断ち切り、最終予選のラストゲームであるカザフスタンにも快勝。２位通過を決め、勢いに乗った日本は、第3代表決定戦でイランを岡野雅行の延長Vゴールで退け、ついにフランス行きの切符を手にした。

「この３ヵ月は、３年にも感じたよ」

そして、ジョホールバルの戦いは、日本サッカー史上、最も劇的な試合として、日本国民の胸に刻まれたのである。

（佐藤俊）

1998 FIFA World Cup France ASIAN FINAL QUALIFIERS

GROUP B

	Group B	韓国	日本	UAE	ウズベキスタン	カザフスタン	勝ち点	勝	敗	引き分け	得失点
1	韓国		● 0-2 ○ 2-1	○ 3-0 ○ 3-1	○ 2-1 ○ 5-1	○ 3-0 △ 1-1	19	6	1	1	+12
2	日本	● 1-2 ○2-0		△ 1-1 △ 0-0	○ 6-3 △ 1-1	○ 5-1 △ 1-1	13	3	1	4	+8
3	UAE	● 1-3 ● 0-3	△ 0-0 △ 1-1		△ 0-0 ○ 3-2	○ 4-0 ● 0-3	9	2	3	3	−3
4	ウズベキスタン	● 1-5 ● 1-2	△ 1-1 ● 3-6	● 2-3 △ 0-0		○ 4-0 △ 1-1	6	1	4	3	−5
5	カザフスタン	△ 1-1 ● 0-3	△ 1-1 ● 1-5	○ 3-0 ● 0-4	△ 1-1 ● 0-4		6	1	4	3	−12

1998 FIFA World Cup France
ASIAN FINAL QUALIFIERS

vs. UZBEKISTAN

1997年9月7日 東京・国立競技場
Japan **6-3** Uzbekistan

Number432号（1997年12月4日号）掲載

大量得点、白星スタートも好ムードは残らず。

浮き彫りになった守備面の不安

前半を終えて4―0。勝負はすでに決着をみていた。こうした場合、後半の戦いは〝流し〟が常識となる。追加点を狙いに行くより失点を防ぐことを通常はまず第一に考える。敵の反発力を低下させるためにも、できるだけ静かな戦いを心がけるのだ。

だが、日本代表は静かに戦うことを極めて不得手とした。それを改めて浮き彫りにした一戦だった。原因はいろいろ考えられる。日本人が生来備える真面目さもその一つだろう。ボールを受けたら前へ。満員の観衆の声援を良い意味で裏切るような度胸に欠けた。Jリーグでも再三お目にかかることができる馬鹿っ正直なノリである。

稚拙な戦術眼、けっして高くない技術がそれに輪を掛ける。具体的にはグラウンドをいっぱいに使った広いパス回しを極めて不得手とする。ボールを散らし、相手を走らせる。ある程度継続してこの戦法で臨めば、相手の戦意は減退の一途を辿るものだ。ところが、残念ながら日本の選手に前への意識はあっても、横、後ろを使う意識は希薄だった。相手の出鼻をかわすサイドチェンジができない。致命的な欠陥である。視野が狭く、逆サイドまで正確に蹴る技術を持つ選手もまた少ない。名波、中田のほかには見当たらない。

そもそも、バックラインでのパス回しに危なっかしさが残るのだ。相手に少しでも詰められるとオタオタしてしまう。必然的にフィードは早めとなり、勝負の機会、相手ボールになる回数も自ずと増す。

GKは川口だ。足技には定評を持つ。そうした彼の持味がこのチームには、まるで活かされていない。バックライン相互のパス回しに不安を覚えるのなら、さらに後ろで構える川口を活用するという手も残されているのである。まさに宝の持ち腐れである。「ワシはバックパスは好かんのや」。時の監督、加茂周氏はあるときの雑談でそう漏らしたことがあるが、氏のそうしたものの考え方がマイナスに作用したといってもいいだろう。

いわゆる強いチームは、そうした時間稼ぎ的な行為をしながら、相手の戦意の衰えを確認しながら、カウンターを企てることを常とする。しかし、日本にカウンターという武器はない。ベンチにもそれ用の駒は配備されていない。ある一つのやり方でしか試合を進めることができないのだ。前半と同じ調子で戦わざるを得なかったもう一つの理由だろう。3—5—2というプレッシングサッカーより、カウンターを仕掛けやすい布陣にしながら。で結局、後半、時間の経過とともにプレスは、構造上の欠点通り、かかりにくくなり、2—3というお粗末な結果に終わってしまう。

終わり方は最悪だった。心配された緒戦で、勝利という最高の結果を残しながら、好ムードは残らなかった。笑みを満面に湛えながらアブダビに乗り込むことが出来なかった。次戦UAE戦の引き分けは、この試合の後半に原因を宿していた。

（杉山茂樹）

1998 FIFA World Cup France ASIAN FINAL QUALIFIERS

GROUP B

1997年9月7日 東京・国立競技場

立ち上がりから積極的に攻めた日本は、4分、三浦知がＰＫを決め先制。23分に再び三浦知、40分には中田、44分には城が得点し、4—0と大量リードを奪って試合を折り返す。しかし後半に入ると運動量が落ち、ウズベキスタンの反撃を受けて3失点。三浦知の個人技で2点を追加し、6—3で最終予選初戦を制したが、守備面に課題を残す結果となった。

日本		6 [4-0 / 2-3] 3		ウズベキスタン
20 川口能活	GK		GK	ブガロ 1
17 秋田豊	DF		DF	モモトフ 15
4 井原正巳	DF		DF	フョードロフ 3
5 小村徳男	DF		DF	ダフレトフ 2
3 相馬直樹	MF		MF	マリファリエフ 18
2 名良橋晃	MF		MF	レベデフ 8
(68分 28 中西永輔)	MF		MF	ビニコフ 10
6 山口素弘	MF		MF	(64分 バザロフ 9)
8 中田英寿	MF		MF	ハサノフ 7
10 名波浩	MF		MF	(46分 シャリポフ 6)
18 城彰二	FW		FW	ザハロフ 14
(58分 27 西澤明訓)	FW		FW	(46分 シャイマルダノフ 4)
(80分 7 本田泰人)	FW		FW	シュクイリン 11
11 三浦知良	FW		FW	シャツィフ 20
加茂周		監督		ミルサディコフ
三浦知良(4分) 三浦知良(23分) 中田英寿(40分) 城彰二(44分) 三浦知良(64分) 三浦知良(80分)		得点		シャツィフ(56分) フョードロフ(69分) シャツィフ(77分)
		警告		

1998 FIFA World Cup France
ASIAN FINAL QUALIFIERS

vs. UAE

1997年9月19日 アブダビ・ザイードスポーツシティ
Japan **0-0** UAE

Number432号（1997年12月4日号）掲載

猛暑のなかのアウェー初戦。引き分け狙いは是か非か。

韓国は連勝、流れは悪い方向へ

40度近い猛暑だった。観戦しているだけでも辛かった。「ご苦労さん」と思わず選手に声を掛けたくなる試合だった。

悪条件下のアウェー戦で0―0の引き分け。「まずまずの結果に終わったわけですから……」。胸をなで下ろす選手は半分の比率で存在した。一部には「勝ちにも等しい引き分け」という見出しが掲載されるなど、マスコミの論調も、この結果を概ね〝良し〟とした。

〝良し〟としない意見も、当然のことながら存在した。少なくとも選手間では、それもまた半分の比率だった。例えばある選手の意見を要約すると次のようになった。韓国はホームで2連勝。日本はホームとアウェーで1勝1分け。次戦は日本ホームでの日韓戦。韓国はここで敗れても勝ち点6。日本は勝利を収めても勝ち点7。日本は是が非でも勝たなければいけない試合になってしまった……。

また、ある選手はこの引き分けをある程度は仕方ないとしながらも対戦順の悪さを口にした。韓国は初のアウェー戦が3戦目で、相手国が最寄りの日本。対して日本は2戦目でいきなり猛暑の、B組内では最果ての地となるアブダビで戦った……。疲労感を残しつつ日韓戦を迎えるという状況に一抹の危惧を抱いていた。

0―0。ライバル国とおぼしき両国が勝ち点の潰し合いを演じてくれたわけで、韓国にとってこの引き分けは最良の結果といえた。

たとえば試合がＵＡＥの圧倒的ペースで進んでいたなら〝良し〟としてもいいだろう。しかし、内容に目を凝らせば55対45の割合で日本はリードしていたのであり、さらに決定的及びそれに近いチャンスの数でも日本は5対4と勝っていたのである。引き分けという結果を悔やむべきはＵＡＥよりも日本。もちろん、ＵＡＥにとってホームの引き分けは、日本のアウェーでの引き分けより痛手である。だが、争いはこの2カ国間だけではない。繰り返すが、この結果をほくそ笑む韓国の存在を忘れるべきではなかった。

加茂采配には〝引き分け狙い〟が見え隠れしたが、ここは勝負に出るべきだった、勝ち点3をもぎ取る努力を尽くすべきだったというのが私見である。勝負に出て敗れたとしても、引き分けとの間に発生する勝ち点差はわずかに1。ＵＡＥに勝ち点3を提供するというリスクは確かに大きいが、それを取り返す機会＝ホーム戦はまだ残されている。早い段階で負けを経験することでチームが結束するというプラス効果も期待できた。

皮肉をいえば、それはサッカー協会首脳部に対しても良い刺激になったはずだ。水面下ですでに熱くなっていた加茂更迭論への断はその時点で下せたのだ。岡田監督（どこか暫定的な匂いのする）以外の道＝ベストな選択を模索する時間的余裕も存在した。それだけにこの引き分けは悔やまれるのだ。結果的には、カズのワントップに象徴される引き分け狙いの戦術が、その後の流れを悪い方向へと導いていった。

（杉山茂樹）

1998 FIFA World Cup France ASIAN FINAL QUALIFIERS

GROUP B

1997年9月19日 アブダビ・ザイードSCメーンスタジアム

猛暑のなか迎えた最初のアウェー戦。ウズベキスタン戦と同じメンバーの日本は、慎重な戦いぶりを見せる。後半に何度かチャンスを摑み、75分にはＦＫからのボールに井原がヘッドで合わせ、小村が押し込んだがオフサイド。0—0のまま試合を終えた。この時点で、2勝の韓国がグループB首位。日本はＵＡＥと勝ち点で並んだが、得失点差で3位に。

UAE	0	0 - 0 0 - 0	0	日本

17	ムフシン・ムサバハー	GK	GK	川口能活	20
5	ハッサン・スハイル	DF	DF	井原正巳	4
6	イスマイル・ラシド			小村徳男	5
20	モハメド・オバイド			秋田豊	17
3	ムンテル・アリ	MF	MF	名良橋晃	2
	(60分 **7** バヒート・サード)			(39分 中西永輔 **28**)	
16	ハッサン・サイード			相馬直樹	3
18	アハメド・イブラヒム			山口素弘	6
19	アリ・ハッサン			中田英寿	8
23	アデル・モハメド			(77分 森島寛晃 **15**)	
11	ズハイル・バヒト	FW		名波浩	10
	(75分 **15** モハメド・アリ)		FW	三浦知良	11
21	ジャシム・アルドキ			城彰二	18
	(38分 **14** ハミス・サード)			(66分 本田泰人 **7**)	

ロリ・サンドリ	監督	加茂周
	得点	
	警告	

1998 FIFA World Cup France
ASIAN FINAL QUALIFIERS

vs. KOREA Rep.

1997年9月28日 東京・国立競技場
Japan **1-2** Korea Rep.

Number432号（1997年12月4日号）掲載

ライバルに痛恨の逆転負け。指揮官の差が明暗を分けた。

グループ3位の日本は苦しい立場に

車範根《チャボンクン》は名監督なのだろうか。

後半22分、高正云《コジョンウン》のミスから山口の先制ゴールを許した直後、彼は「中盤に上がってプレーしていいですか」と直訴した洪明甫《ホンミョンボ》に対し、「落ち着け、そのままプレーしろ」と答えたという。加茂監督が動き、結果、ものの見事にゲームを破壊してしまったこともあって、動かなかった車範根の決断は日韓両国で極めて高く評価されている。

本当に彼の判断は正しかったのだろうか。

守備の選手を投入しておきながら「声が嗄《か》れるほど下がるなと叫んだ」という加茂監督よりマシな判断であったことは間違いない。しかし、私にはどうしても車範根がベストな判断をしたとは思えないのだ。

山口が芸術的なゴールを決めるまでの試合展開を思い出して欲しい。主導権を握っていたのは日本だった。特に後半10分、相馬のシュートが右ポストを叩いてからは、完全な日本ペースだった。韓国の選手たちはほとんどパニック状態に陥り、ストライカーの崔龍洙《チェヨンス》をのぞく全員が自陣に下がっていた。中田のマーカーだった張亨碩《チャンヒョンソク》は振り切られるシーンが目立つようになり、挙げ句、交代を命じられていた。そして何より、ゴールの直接のきっかけとなったのは、FWとして登録されていた高正云の、自陣深くでのミスだった。流れは、完全に日本に傾いていたのだ。

山口のゴールは、突如生まれた偶発的なものではない。日本が主導権を握りつつあったこと、韓国選手の心中で弱気の虫が騒ぎ始めていたことなど、様々な要素が積み重なった結果、ほとんど必然として生まれたものだった。車範根は、得点が入る入らないにかかわらず、動かなければならない状況だった。にもかかわらず、彼は動かなかった。

私は思う。もし、洪明甫が「僕はこのままのポジションでプレーしていいのですか」と聞いていたら、車範根は「いや、中盤に上がれ」と指示したのではないか、と。彼が動かなかったのは、戦術家としての決断によるものではなく、慌てふためく部下たちの判断を一度否定し、自分は落ち着いていると見せつけるための、いわば指揮官、集団の長としての決断だったのではないか、と。

0―1とリードされた後、サイドアタッカーの高正云に代えて典型的なストライカーの金大義《キムデイ》を投入したあたり、いまや名将の名をほしいままにしている人物の思考回路は、アジアカップでクウェート相手に高木の名前を絶叫した人物のそれと極めて似通っている。唯一の違いは、判断の是非はともかく、車範根は選手たちより落ち着いており、加茂氏はそうでなかったということだろう。

韓国の2点目のゴールは、川口の目前でイレギュラーして決まったものだった。車範根と韓国は、言われているほど正しかったわけではないし強かったわけでもない。監督の器の差に、ちょっとした運不運が重なって起きた、衝撃の逆転劇だった。

（金子達仁）

1998 FIFA World Cup France ASIAN FINAL QUALIFIERS

GROUP B

1997年9月28日 東京・国立競技場

前半は互角の展開で両チームとも無得点。67分、山口がGKの頭越しにループシュートを放ち、日本が先制する。しかし、守備固めを狙う加茂監督が呂比須に代えてDFの秋田を投入したことで、かえって布陣が混乱し、終了間際に2ゴールを許して痛恨の逆転負け。韓国の勝ち点9、UAEの勝ち点7に対し、日本は勝ち点4と苦しい立場に追い込まれた。

日本	1	0 - 0 / 1 - 2	2	韓国

20	川口能活	GK	GK	金秉址	1
3	相馬直樹			崔英一	4
4	井原正巳			李敏成	5
5	小村徳男	DF	DF	張亨碩	12
28	中西永輔			(58分 崔成勇 3)	
	(46分 2 名良橋晃)			洪明甫	20
6	山口素弘			李基珩	2
7	本田泰人			柳相鐵	6
	(87分 27 西澤明訓)	MF	MF	李相潤	15
8	中田英寿			(65分 徐正源 11)	
10	名波浩			河錫舟	17
11	三浦知良			高正云	7
30	呂比須ワグナー	FW	FW	(72分 金大義 14)	
	(73分 17 秋田豊)			崔龍洙	10

加茂周	監督	車範根
山口素弘(67分)	得点	徐正源(84分)
		李敏成(87分)
呂比須ワグナー	警告	李敏成
小村徳男		柳相鐵

ANYO

1998 FIFA World Cup France
ASIAN FINAL QUALIFIERS

vs. KAZAKHSTAN

1997年10月4日 アルマトイ・セントラルスタジアム

Japan **1-1** Kazakhstan

Number432号（1997年12月4日号）掲載

ロスタイムに浴びた同点弾。加茂監督の更迭決まる。

岡田コーチが監督に昇格

酷暑のUAE戦の疲労、そして韓国戦の逆転負けのショックを引きずってアルマトイ入りした日本代表は、練習では明るく振る舞っていたものの、いざ試合が始まってみると、まったく覇気の感じられない、最悪の試合を演じてしまった。それでも、前半22分にコーナーキックから秋田が決めて先制し、カザフスタンの反撃もなんとかしのいでいたが、ついに終了間際、同点ゴールを決められて引き分けに終わり、その夜、日本サッカー協会は加茂監督の更迭と岡田コーチの監督昇格を決めることになった。

アルマトイのセントラルスタジアムは、アウェー・チームにとってはまさに鬼門だった。日本が引き分けに終わった翌週にはそれまで4戦全勝で突っ走っていた韓国が1－1の引き分けに終わっているし、その次の週には日本と2位の座を争っていたUAEが0－3で完敗した。カザフスタンは、ホームでは負け知らずである。

その最大の原因は、凸凹が多く、しかも芝の下の土が非常に堅い（一部は逆に柔らかすぎる）ピッチにあった。ミスを警戒するあまりに、つい神経質になりすぎ、消極的なプレーになってしまうのだ。

その上、日本の試合を担当したシリアのレフェリーがカザフスタンのラフプレーを見逃したことで、開始早々から日本選手は集中力を失っていた。

アルマトイ市内からバスに乗って南へ30分も行くと、メデオのスケートリンクに着く。氷質が良く、標高が高く空気抵抗が少ないので、スピードスケートの世界記録が出やすいことで有名なリンクだった。その向こうには4000m級のアラタウ山脈が聳えている。メデオが標高約1700m、アルマトイ市の南部にあるセントラルスタジアムも標高約950mのところにある。1000m以下だから、日常生活にはまったく影響ないが、試合となると酸素が薄いのでスタミナは消耗するし、集中力が奪われる。

しかし、サッカーではホームアンドアウェーが基本である。「芝生が悪い」、「標高が高い」は言い訳にはならない。悪条件は前日までの練習で分かっていることだ。そういう悪条件の下では、内容的にレベルの高い試合、たとえばプレッシングをかけるサッカーをすることは無理だが、内容はどんなに悪くても結果だけは出さなければならない。

ピッチや気候条件が悪い時にも、いかにしてそれなりの試合をして結果を残すのか。親善試合ではプレッシャーは経験できないが、気候などの条件とそうした条件が日本選手のパフォーマンスにどのように影響するかを調べておくためにも、準備段階で中東や中央アジアでのアウェーも経験しておくべきだった。それが、今大会のアブダビ、アルマトイでの教訓だ。結果だけを見れば、アブダビでもアルマトイでも引き分けて勝ち点「1」は確保。一応最低限の結果を残しはしたのだが……。

（後藤健生）

1998 FIFA World Cup France ASIAN FINAL QUALIFIERS

GROUP B

1997年10月4日 アルマトイ・セントラルスタジアム

22分、名波のCKから秋田がヘディングシュートを決めて先制。しかし、その後は好機に決定力を欠き、追加点を奪えないまま。加茂監督の守備を固める采配がまたも裏目に出た結果、ロスタイムに同点ゴールを許し、1—1で引き分け。日本のグループ1位確保は困難となった。試合終了後、緊急幹部会で加茂監督の更迭、岡田コーチの監督昇格が決定した。

カザフスタン	1	0 - 1 1 - 0	1	日本
1 ボスコボイニコフ	GK		GK	川口能活 20
2 サドゥオフ				秋田豊 17
5 オシポフ			DF	井原正巳 4
4 スパリシェフ	DF			小村徳男 5
3 ティモフィエフ				相馬直樹 3
15 ファミルツェフ				名良橋晃 2
8 ポポフ				山口素弘 6
(62分 14 エフテエフ)			MF	中田英寿 8
6 バルティエフ	MF			名波浩 10
7 コトフ				(84分 本田泰人 7)
(72分 16 スベシニコフ)				呂比須ワグナー 30
10 リトビネンコ			FW	三浦知良 11
(58分 11 ロギノフ)	FW			
17 ズバレフ				
ベルダリン		監督		加茂周
ズバレフ(89分)		得点		秋田豊(22分)
		警告		秋田豊■ 小村徳男■(次戦・出場停止)

16
17
20

1998 FIFA World Cup France
ASIAN FINAL QUALIFIERS

vs. UZBEKISTAN

1997年10月11日 タシケント・パフタコールスタジアム
Japan **1-1** Uzbekistan

Number432号（1997年12月4日号）掲載

岡田新監督は勝利ならずも、意義ある勝ち点1を確保。

自力での予選突破は不可能に

加茂前監督更迭を受けて代表監督に就任した岡田武史にとってウズベキスタン戦は、まさに正念場だった。

監督はもちろん選手のことを見ているが、同時に選手の側も監督を観察している。選手たちは昇格したばかりで、しかも監督経験のまったくない新米監督の岡田の「監督としての資質」を見定めようとする。もし最初の試合で小さなミスでもしたら、新監督は選手たちの信頼を失って、チームは瓦解してしまう。しかも、準備に費やすことのできる時間は1週間しか与えられていない。

岡田個人にとっても、日本チームにとっても、ウズベキスタン戦は大きな試練だった。アルマトイに比べれば、芝の状態もまずまずで、また満員のスタンドも日本選手の士気を高めた。試合はいつものように日本ペースで始まったが、ウズベキスタンに先制されてしまう。前半31分、コーナーキックのこぼれ球をカムバラリエフに決められたのだ。

岡田は、5月の日韓戦以来代表のゲームメーカーとして定着していた中田と、9月の韓国戦で代表デビューした呂比須を先発からはずしてスタートしていた。攻撃のエース格をベンチに置いてスタートすると、攻撃的に切り替える時の切り札として使えるから、交代はしやすくなる。あとは、そのタイミングの見極めが問題となる。

後半開始の時点で、岡田は後半15分頃に2人をフィールドに戻すつもりだった。だが、ウズベキスタンがエースのカシモフをひっこめ、引き気味で守っているのを見極めると、岡田は予定より7分早く中田と呂比須を投入した。正しい選択だったが、それでも日本は点が取れなかった。試合は、0―1のまま推移する。……これが、日本がフランスから最も遠のいた時間帯だった。

岡田は、残り11分まで待って中西を入れ、秋田をトップに上げてヘディングを狙わせるパワープレーに出た。これが功を奏して、井原のロングキックを呂比須が頭で落とし、カズの走り込みに惑わされた相手GKのミスで、日本は土壇場で同点に追いついた。

最終予選が始まって以来、加茂監督の選手交代は、韓国戦の秋田投入にしても、ウズベキスタン戦の本田投入にしても、守備的な意図のものが多かった。攻撃的な意図の交代は、緒戦で前半を4―0とリードした後に大量点を取るために西澤を入れた時と、韓国に1―2と逆転されてから西澤を入れた時に限られていた。どちらも、無意味ないしは無謀な交代ばかりで、結果も失敗だった。

岡田は、監督となって初めての試合で、攻撃的な交代を成功させた。これで、選手たちも新監督を一応信用することになっただろう。

結果は、またも勝ち点「1」だった。試合後、岡田は「この同点ゴールでひょっとしたらと思った」と語ったが、終了直前に拾ったこの勝ち点「1」は、予選の最終段階で予想以上に大きな意味を持つことになるのである。

（後藤健生）

1998 FIFA World Cup France ASIAN FINAL QUALIFIERS

GROUP B

1997年10月11日 タシケント・パフタコールスタジアム

岡田新体制で臨んだ最初のゲーム。31 分、CKのこぼれ球を決められ、日本は今予選で初めて先制点を許す。積極的な采配にもかかわらず得点を奪えず、そのまま試合終了かと思われた 89 分、井原のロングパスから呂比須が頭で決め、辛うじて引き分けに。本大会出場の可能性を残すグループ 2 位の確保が自力では不可能になり、道はさらに険しくなった。

ウズベキスタン	**1**	[1-0 / 0-1]	**1**	日本	
1	ブガロ	**GK**	**GK**	川口能活	**20**
2	アシュルマトフ			秋田豊	**17**
3	フョードロフ	**DF**		井原正巳	**4**
5	カムバラリエフ		**DF**	斉藤俊秀	**16**
7	マリファリエフ			(53分 呂比須ワグナー **30**)	
8	レベデフ			相馬直樹	**3**
6	シルショフ			名良橋晃	**2**
	(55分 **14** シャイマルダノフ)	**MF**		山口素弘	**6**
4	カシモフ		**MF**	森島寛晃	**15**
	(46分 **12** バザロフ)			(53分 中田英寿 **8**)	
9	ピルマトフ			名波浩	**10**
10	シュクイリン			(79分 中西永輔 **28**)	
20	シャツィフ	**FW**		城彰二	**18**
	(85分 **11** マタリエフ)		**FW**	三浦知良	**11**
ミルサディコフ		**監督**		岡田武史	
カムバラリエフ(31分)		**得点**		呂比須ワグナー(89分)	
■カムバラリエフ		**警告**		井原正巳■(次戦・出場停止)	
■レベデフ				山口素弘■	
				中西永輔■	

1998 FIFA World Cup France
ASIAN FINAL QUALIFIERS

vs. UAE

1997年10月26日 東京・国立競技場
Japan 1-1 UAE

Number432号(1997年12月4日号)掲載

風待ち無策の結果、またもや勝利は遠く。

夢は潰えたかに思われた

加茂監督の更迭を発表する席で、日本サッカー協会のお歴々は言ったものだ。

「日本に帰れば2週間もあるから、その間に建て直しはできる」

国民と政治家の意識がいかに乖離《かいり》しているかを表す「永田町の論理」という言葉がある。2週間という言葉のあとに「も」と続けられた時、私が思い出したのはまさにその言葉だった。

いかに有能であったとしても、監督経験のない人物がたった2週間で一人立ちできるわけがない。時間は、あまりにも少なかった。ところが、協会の幹部にはそうした発想がまるで欠落しているようだった。案の定、日本に帰ってからの2週間、彼らはほとんど目に見える具体策を打ち出さないまま、うやむやに10月26日を迎えてしまった。

岡田新監督は、加茂氏の考えに従って動いてきた人物である。攻撃の約束事を何も決めなかった前任者とともに働いてきた、監督経験のない人物である。そうした監督に率いられたチームが勝利を収めるには、これまでの流れから早く2点のリードを奪うしかなかった。1点のリードでは、韓国戦、カザフスタン戦の悪夢が選手たちの心を蝕《むしば》んでいく。日本選手が本来の力を取り戻すには、何としても2点目のリードを奪う必要があった。そして、極めて残念なことに、それには神の加護が必要だった。

前半3分に呂比須が決めた先制弾は、素晴らしいシュートではあったものの、相手GKムフシンの明らかなミスによって生まれたものである。あの時、私は神の存在を心の底から信じた。試合時間を87分も残した段階で、安全圏への行程は早くも残り半分になったのだから……。

しかし、そのたった半分が遠かった。1点を取った後、それまで頻繁にサイドに開いていた呂比須は、カズとともにドンとゴール前に構えてしまった。前が詰まった形になったことで、中盤の選手はプレーの選択肢を著しく制約されてしまい、結果、攻撃のバリエーションが激減してしまった。呂比須、カズのポジション修正を命じる声がベンチから飛んだ気配は、残念ながらまったくなかった。

1—1で迎えた後半、岡田監督は相馬に代えて城を投入し、前線にストライカー3人を揃える策を取った。私は、呂比須の頭を生かすのであれば正確なセンタリングが必要だと思ったし、そのためには森島、平野、岡野のいずれかを入れるべきだと思った。だが、岡田監督が選んだのは、前任者同様、ごり押しのパワープレーだった。結局、何も変わっていなかったのだ。

「神は自ら助くる者を助く」という言葉がある。中央アジア遠征を終えてからの2週間、日本は自らを助けようという努力をほとんど何もしなかった。神はそれでも日本を助けようとし、にもかかわらず、日本は勝てなかった。もう怒る気力もなかった。私は、ただただ悲しかった。

（金子達仁）

1998 FIFA World Cup France ASIAN FINAL QUALIFIERS

GROUP B

1997年10月26日 東京・国立競技場

開始早々の3分、呂比須が20m以上あるロングシュートを叩き込み先制。その後も日本がボールを支配するが追加点は奪えず、逆に36分、FKからヘッドで同点とされる。両チーム計7人が警告を受ける激しい試合の結果は、1—1のドロー。2試合ずつを残してUAEとの勝ち点差は1となり、日本は自力でのグループ2位確保が再び不可能になった。

日本	1	1-1 0-0	1	UAE

20	川口能活	GK	GK	ムフシン・ムサバハー	17
2	名良橋晃	DF	DF	モハメドラビー・サリム	2
3	相馬直樹			ハッサン・スハイル	5
	(76分 18 城彰二)			イスマイル・ラシド	6
16	斉藤俊秀			モハメド・オバイド	20
17	秋田豊	MF	MF	アブドサラム・ジュマ	13
7	本田泰人			モハメド・アリ	15
	(56分 6 山口素弘)			(50分 ハッサン・サイード 16)	
8	中田英寿			アリ・ハッサン	19
10	名波浩			(72分 アハメド・イブラヒム 18)	
13	北澤豪			アデル・モハメド	23
30	呂比須ワグナー	FW	FW	アドナン・アルタリヤニ	10
11	三浦知良			ズハイル・バヒト	11
				(81分 モハメド・オマル 8)	

岡田武史	監督	ロリ・サンドリ
呂比須ワグナー(3分)	得点	ハッサン・スハイル(36分)
本田泰人 北澤豪 城彰二	警告	アデル・モハメド ズハイル・バヒト イスマイル・ラシド ハッサン・スハイル

1998 FIFA World Cup France
ASIAN FINAL QUALIFIERS

vs. KOREA Rep.

1997年11月1日 ソウル・蚕室オリンピックスタジアム

Japan 2-0 Korea Rep.

Number432号(1997年12月4日号)掲載

土壇場で韓国を撃破。日本は息を吹き返した。

アウェーで冷静な戦いを披露

韓国の車範根《チャボンクン》監督にとっては賭けに出たゲームだった。洪明甫《ホンミョンボ》が出場停止のために張《チャン》大一《デイル》をリベロのポジションに入れたのだが、これが完全に裏目に出た。日本にとっては、まさに洪明甫が最終ラインにいなかったことが勝利の大きな要因になった。

9月の日韓戦での洪は、DFラインを保ち、時には前線に飛び込むなど、まさに攻守の要だった。しかし、この日のリベロ張大一は、22歳の延世大学の学生。しかもホームの韓日戦でプレッシャーも半端じゃなかった。そういった異常な緊張状態の中、わずか開始1分で先制パンチを喰らってしまう。この得点は、カズ、呂比須がうまくスライドして名波まで絵に描いたようにボールが流れるという普通では考えられないゴールだった。しかも、その時、張はどこにもいなかった。誰をマークするのでもなく、ただのボールウォッチャーになっていた。この失点は、韓国DF陣はもちろん張にとってもかなりの衝撃だった。今日は大丈夫か、と不安にかられていた矢先の失点だったからだ。そこからDF陣は完全に落ち着きを失ってしまう。そのアタフタした気配が中盤の選手にも伝播し、DFラインから出るパスもミスが目立った。日本は慌てるDF陣を尻目に両FWと北澤が前線で動き回り、スペースを作り出す。その空いたスペースに名波、山口、中田らが走り込み、ボールをキープしながら守備の穴を見付けて確実にフィニッシュに持っていく。

韓国はリズムに乗れないまま2点目を失った。しかも、アシストした相馬にかわされたのは張だった。ここで車監督は思ったはずだ。DFの選手を入れてラインを固めないといけない。しかし、固める前に2点目を取られてしまう。追い打ちをかけるように崔《チェ》龍洙《ヨンス》が負傷し、今度はFWの選手を入れないといけなくなる。采配は常に後手後手になり、完全にゲームプランが狂ってしまった。

日本は1点を取った後、いかに早く2点目を取るかがカギだった。今までも1点は取れたが、2点目を取れないでジリ貧になっていったからだ。ところがいい時間帯に2点目を取り、精神的にも優位に立った。後半、押し込まれることもあったが、選手は集中力を保ち、井原も微妙なラインの上げ下げを的確に指示するなど守備は最後まで破綻しなかった。

日本の選手は、居直ったというより無欲で戦ったことがいい結果を生んだ。負けたら終わりということもあったが、細かい約束事を気にせずに、みんなが自分のプレーに専念してシンプルにプレーしたのがよかった。

前半の攻撃陣の勢い、後半の井原を中心としたしぶとい守備を考えると、すでに韓国が予選突破を決めて余裕があったことを差し引いても日本のベストゲームだった。と同時に、予選突破に向けて3度目の息を吹き返して、再び自信を取り戻した意味でも大きなターニングポイントになった。

(解説・清水秀彦／文・佐藤俊)

1998 FIFA World Cup France ASIAN FINAL QUALIFIERS

GROUP B

1997年11月1日 ソウル・蚕室オリンピックスタジアム

開始わずか1分、相馬の左サイドからのボールを呂比須が流し、名波が左足で決めて先制。さらに37分にも相馬が左サイドを突破し、クロスに呂比須が合わせて2点目を追加する。後半には攻め込まれる場面もあったが、守備陣が冷静に対応。2点を守り切った日本は、初戦のウズベキスタン戦以来2カ月ぶりの勝利を飾り、本大会出場へ望みをつないだ。

韓国　0 [0 - 2 / 0 - 0] 2　日本

韓国			日本
1 金秉址	GK	GK	川口能活 20
19 張大一	DF	DF	名良橋晃 2
4 崔英一（80分 退場）			相馬直樹 3
5 李敏成			井原正巳 4
2 李基珩			秋田豊 17
17 河錫舟	MF	MF	山口素弘 6
8 金基東			名波浩 10
6 柳相鐵			中田英寿 8
11 徐正源			北澤豪 13
（59分 **16** 盧相来）			（68分 平野孝 **22**）
7 高正云			
（46分 **15** 李相潤）			
10 崔龍洙	FW	FW	三浦知良 11
（44分 **18** 金度勲）			呂比須ワグナー 30
車範根	監督		岡田武史
	得点		名波浩（1分）
			呂比須ワグナー（37分）
■崔英一（次戦・出場停止）	警告		三浦知良▨（次戦・出場停止）
▨李基珩			呂比須ワグナー▨（次戦・出場停止）

19
5

8
adidas
8
YO

1998 FIFA World Cup France
ASIAN FINAL QUALIFIERS

vs. KAZAKHSTAN

1997年11月8日 東京・国立競技場
Japan **5-1** Kazakhstan

Number432号（1997年12月4日号）掲載

確かな自信を手にして、第3代表決定戦へ。

左サイドが機能しての快勝劇

カズ、呂比須の2トップ出場停止の中、城彰二といったい誰が組むのか。その注目の相手は中山雅史だった。この選択は間違っていなかった。ただ、最後に頼れるのは結局ドーハ組の選手だったということを再認識させてくれた起用でもあったが……。

この日、日本は韓国に勝ったままの良好なムードを持続していた。そのイケイケムードのシチュエーションにマッチしたのが、中山のキャラクターでありプレースタイルだった。前線で激しく動き回ってチャンスを作り、必死になってボールを追い、スライディングしてボールを取りにいく。そのプレーが最初から点を取りにいくというチームの士気を高めた。もうひとつ、名波浩とのコンビを考えても高木琢也ではなかった。ジュビロのチームメイトである名波のボールの出所を、中山はよく知っている。そのコンビの良さから生まれたのが前半44分のゴールだった。

その中山らFWのゴールを再三演出しようと派手な攻撃を見せたのが左サイドだった。これはカザフスタンが、再三左サイドから攻撃されているのに何の手も打たず、やられているままに放っておいたせいもある。しかし、それ以上に相馬と名波が冴えていた。特に名波はキレていた。以前はポジション的に相馬と同じ位置に並んだ状態でいた。そのために前を詰められて抑えられるとボールを出す場所がなくなり、しかも並んだ状態でボールを取られると二人は完全に置いていかれていた。だが今の名波は、相馬よりもうしろ、ボランチのポジションからボールを出すようになり、相馬も思い切って前に走り切れるようになった。これは二人の間で考えが非常に整理されているからできる芸当だ。驚いたことにこの攻撃が前半35分すぎまで続いた。

そんな状態だったから、ゲームの焦点はいつ1点を取って、どれだけ早く2点目を取れるかだけだった。カザフスタンのスローで怠慢な守備を見ていると、早い段階で2点目が入れば、4、5点入るのは目に見えていた。

日本は、韓国戦に勝った流れと自信を持ち込んでプレーしていた。オレたちはやれるんだという自信に加え、相手が無気力だったせいもあり、余計に気持ち良くプレーできたはずだ。

あえて苦言を呈するなら集中力を欠いたFKからの失点だ。この日のDFラインは高く、井原が絶妙なラインの上下をしていた。これも韓国を0点に抑えた自信からくるものだった。それでもまだコンビネーションという部分で問題があり、FKで失点した。気の緩みが生んだやる必要のない点だった。

韓国戦からこの試合にかけて、流れは完全に日本に戻ったと言える。しかし、チームに活気が戻り、回復した自信を選手個人がさらに確かなものにしたのが、8戦目のカザフスタン戦とは……。なぜ、もっと早くできなかったのかと思わざるを得ない最終予選B組最後のゲームだった。

（解説・清水秀彦／文・佐藤俊）

1998 FIFA World Cup France ASIAN FINAL QUALIFIERS

GROUP B

1997年11月8日 東京・国立競技場

12 分、中田のＦＫから秋田がヘッドで決めて波に乗ると、あとは一方的な日本ペース。16 分に中田、44 分に中山が追加点を挙げ、前半で試合を決めた。後半にも井原、高木のゴールが生まれ、5—1 で快勝。ＵＡＥの足踏みにも助けられ、日本はグループ 2 位を確保し、本大会出場を賭けて 11 月 16 日のアジア地区第 3 代表決定戦に臨むこととなった。

日本	5	3 - 0 / 2 - 1	1	カザフスタン
20 川口能活	GK		GK	イシュチン 22
2 名良橋晃	DF		DF	サドゥオフ 2
(64分 28 中西永輔)				スパリシェフ 4
3 相馬直樹				オシポフ 5
4 井原正巳				ファミルツェフ 15
17 秋田豊				バルティエフ 6
6 山口素弘	MF			コトフ 7
8 中田英寿			MF	(83分 チョツシキン 20)
10 名波浩				エフテエフ 14
13 北澤豪				スベシニコフ 16
(83分 15 森島寛晃)				(73分 ユリスト 12)
18 城彰二	FW		FW	ロギノフ 11
32 中山雅史				ズバレフ 17
(64分 9 高木琢也)				(64分 マズバエフ 8)
岡田武史		監督		ベルダリン
秋田豊(12分) 中田英寿(16分) 中山雅史(44分) 井原正巳(67分) 高木琢也(79分)		得点		エフテエフ(73分)
名良橋晃		警告		サドゥオフ スパリシェフ マズバエフ

1998 FIFA World Cup France
ASIAN FINAL QUALIFIERS

vs. IRAN

1997年11月16日 ジョホールバル・ラルキンスタジアム

Japan 3-2 Iran

Number432号(1997年12月4日号)掲載

伝説が作られた夜。

ついに手にしたW杯への切符

伝説の夜だった。

テレビの画面を通じて声援を送った人の、そしてはるばるジョホールバルまで足を運んだすべての人の、脳裏に焼きついて永遠に離れないであろう劇的な勝利だった。

中山のゴールが決まった時は早くもフランスがちらついた。あまりにもあっけないアジジの同点ゴールに言葉を失い、ダエイの驚異的なヘッドが突き刺さった時はドーハの悪夢が脳裏をよぎった。城の芸術的なヘッドに狂喜し、岡野の度重なる決定的なシュートに立ち上がり、頭を抱えた。

すべてが、遠い昔のことのように思える。

長い年月が流れ、死の床につく日が来ても、私は今日のことを忘れないだろう。日本が初のワールドカップ出場を決めたこの日を、日本に新たなスーパースターが誕生したこの日のことを。

１９９７年11月16日、日本代表はジョホールバルでのアジア第３代表決定戦に３—２の勝利を収めた。

伝説の夜だった。

延長前半13分、中田が絶妙のスルーパスを岡野に通した。14日にマレーシア入りしたばかりのイラン選手は相当疲れていたこともあり、タテに駆け抜けた快速アタッカーに簡単に振り切られた。岡野の前にはもうGKしかいない。完全な1対1だった。だが、岡野はシュートを打たなかった。彼は気弱にセンタリングを折り返し、懸命に戻ったイランDFにあっさりとクリアを許してしまう。

「なんで打たないんだ！」

記者席からは一斉に怒りの声が沸き上がった。確かに岡野はフリーだったし、普通であれば打たなければいけない状況ではあった。しかし、私は怒る気持ちにはなれなかった。絶望感だけがこみ上げてきた。

これは普通の試合ではない。そして、岡野は今予選でただの一度も、出場の機会を与えられていなかったのである。

11月8日のカザフスタン戦では、不動の2トップになりつつあったカズと呂比須の2人が累積警告のために出場停止だった。「私がすでに呼んだ選手より上だと思う選手がいない限り、メンバーの入れ替えをしない」という岡田監督のコメントは、岡野を始めとする控え選手たちも知っていたはずである。当然、彼らは自分の出番が来ることを予想したに違いない。

にもかかわらず、岡野は出場できなかった。それどころか、ベンチにすら入ることを許されなかった。出場したのは中山であり、高木だった。今まで代表チームに呼ばれなかった選手が、つまり岡田監督の言葉を借りれば、「すでに呼んだ選手より上」ではなかったはずの選手が、岡野や平野を差し置く形で出場してしまったのである。

あの日、岡野は相当に荒れていたという話を私は聞いている。日本が誇る快速アタッカーは、ただの一度もワールドカップ予選での経験を積まないまま、そして一度は精神的にプッツリと切れてしまったまま、大事なイラン戦を迎えていたのである。案の定、彼は決定的なチャンスをフイにしてしまった。3分後、彼はもう一度、今度はどうやって蹴ったのか不思議なぐらい高角度のシュートを、ゴール前の至近距離から空に向けて放った。延長の前半だけで3度、岡野のところで決定的なチャンスが消えた。

それでも、私は彼を責める気にはなれなかった。慣れない3―5―2システムを強要された相馬がそうだったように、岡野もまた、特定の選手ばかりを重用したスタッフの犠牲者に思えたからである。

延長前半が終わった段階で、私はPK戦への突入を覚悟した。日本の前線には、経験も自信もないまま出場している選手がいる。とても、ゴールを奪えるとは思えなかった。奪うための過程をきちんと経てきているとは、とても思えなかったのだ。

延長後半が始まる時、私は意外な光景を見た。

守備陣に向けて、中田が手を叩いていた。

集中しよう。もう少し頑張ってくれ。

彼は、そう言っているように見えた。

「岡野と城の2トップでやらせてくれたらなあ。そうしたら、チャンスなんかいくらでも作れると思うんだけど」

日本代表が得点力不足に悩まされていた頃、彼は無念さを隠しきれない口調で洩《も》らしていたことがある。一度スペースにパスを出しておいて、自らゴール前に突っ込んでいくプレーを好む中田にとって、ゴール前にドンと構えてしまうカズは、決してパスを出しやすいFWではなかったのである。

だが、この日の後半18分、ついにカズは交代を命じられていた。延長に入ると、彼が待ち望んでいた岡野も同じフィールドに立った。最終予選の9試合目にして初めて、中田は理想とするアタッカーを得たのである。岡野が何度チャンスを外しても、彼は怒らなかった。天を仰ぎ、頭を抱えながらも、今までのようには怒らなかった。

そう、彼はリーダーになっていた。

「でもね、さすがにあの場面は自分で決めにいこうと思いましたよ。もう、俺が自分で決めるしかないって」

それは、延長後半も残りわずかになったあたりの出来事だった。ゴール前でボールを受けた中田は、意を決したかのように猛烈なドリブルを開始した。もはや朦朧《もうろう》状態にあったイランのDFは簡単に振り切られ、残るは再三の好守と時間稼ぎを連発していたG

Kだけになった——。

「でも決まんないですねえ、俺のシュート。ワールドユースの予選でタイに負けた時もね、俺、バーに当ててるんですよ。アルマトイでのカザフスタン戦もそうだったでしょ」

だが、今度はバーもポストも邪魔をしなかった。GKにあたって跳ね返ったボールは、遅ればせながら突っ込んできた岡野の足元にピタリと入った。

4度目のチャンスを、岡野はキッチリとモノにした。フィナーレの訪れだった。


城が泣きながら叫んでいた。

「やったよ、やったよ。変えなきゃダメだよね。俺たちが、変えなきゃダメだよね」

前日、練習を終えた彼は寂しそうだった。

「絶好調なんだよ。ホント、こんなにいい時はないってぐらい、好調なんだよ。だけど、試合には出られないんだよね」

カザフスタン戦での岡野がそうだったように、城もまた、傷ついていた。ずっと日本代表のメンバーに選ばれていながら、イラン戦に出場するのはカズと、ついこの間まではテレビで声援を送っていたはずの中山だった。信じていたヒエラルキーが否定されたショックと、出場を許されない無念さが彼の表情には滲《にじ》み出ていた。

だが、この日、城は泣いていた。勝った喜びと、自分たち若い世代が歴史を作ったという自負に酔い、泣いていた。その表情に、もう恨みはなかった。

「次の道が開けたよ。俺、サッカー選手、続けられるよ！」

ダエイに逆転ゴールを許した時は「正直、崩れ落ちそうになった。でも、必死になって頑張れって自分に言い聞かせた」という川口の目に、涙はなかった。1年前、アトランタ五輪の出場権を獲得した時は号泣した男が、この日ははちきれんばかりの喜びをそこら中に振りまいていた。

「同点に追いついてからは苦しかったよ。押しっぱなしだったけど、相手の2トップは危険だったから……。でもね、本当に良かった。もう俺、ここで寝ちゃいたいよ」

スタンドのファンに歓喜の挨拶を済ませた後、彼は本当にトラックに座り込んでしまった。たとえばプロ野球の巨人の選手であれば、負けても阪神ファンからは「よくやった」と言われるかもしれない。だが、サッカーの日本代表選手には逃げ場がなかった。負ければ、日本にいられなくなるほどのプレッシャーの中で、彼らは戦ってきたのである。城の涙につられて壊れかけていた私の涙腺《るいせん》は、座り込んだ川口の姿を見て完全に決壊してしまった。


第3代表決定戦がマレーシアで開催されることが決まってから、多くのメディアはアトランタ五輪予選での勝利を引き合いに出し、ゆえにマレーシアは縁起のいい土地だという結論を導き出していた。

「でもねえ、この間のワールドユースでガーナにゴールデンゴール負けしたのが、ジョホールバルだったんですよねえ……」

カザフスタンに5―1で勝った直後、マッサーとして日本代表に同行している並木磨《ま》去《さ》光《みつ》は不安げな口調でこぼしたものだった。

だが、イランとの決戦前日、彼の表情はずいぶんと明るいものになっていた。

「ベンチとロッカールームがね、ワールドユースの時とは逆なんですよ。良かった」

おそらく、日本代表選手の中にも、柳沢や中村たちがこの会場で、このロッカールームで涙を流したとは知らない選手がいたはずである。ゲンやジンクスには興味のない選手であれば、知っても平然と受け流したかもしれない。

だが、並木は素直に喜んでいた。逆に言えばそれだけ、日本は追い詰められていたのである。

だが、それも済んだ話だ。

4年前、ドーハでの最終予選は〝キング・カズ〟という一つの伝説を生んだ。'97年11月16日は、日本が初めてワールドカップ出場を決めた日であると同時に、日本サッカーのリーダーシップが新たな世代に受け継がれた日として記憶されるかもしれない。

「長かったよ、疲れたよ。日本に帰ったら、うまいモン御馳走してくれるんでしょ」

素直ではない、悪ぶるのが好きな20歳を旗手とする新たな時代に——。

（金子達仁）

1998 FIFA World Cup France ASIAN FINAL QUALIFIERS

GROUP B

1997年11月16日 ジョホールバル・ラルキンスタジアム

グループAで2位のイランと、アジア地区第3代表の座を賭けて対決。39分に中山のゴールで先制するが、46分に同点弾、59分に逆転弾を許す。しかし76分、城の得点で追いつき、試合はVゴール方式の延長戦へ。PK戦目前の延長29分、中田のシュートをGKが弾いたところへ岡野が走り込んで決勝ゴール。日本は史上初のW杯本大会出場を決めた。

日本	3	1 - 0 1 - 2 延長 0 - 0 1 - 0	2	イラン

日本		イラン
20 川口能活	GK	アベドザデー 1
2 名良橋晃 3 相馬直樹 4 井原正巳 17 秋田豊	DF	ハクプール 4 ペイラバニ 5 アサディ 15 (55分 ミナバンド 25)
6 山口素弘 8 中田英寿 10 名波浩 13 北澤豪 (延長0分 14 岡野雅行)	MF	マハダビキア 2 ザリンチェ 24 (65分 パシャルザデ 20) エスティリ 9 マンスリアン 7 ナムジュ 8 (80分 モディルースタ 17)
11 三浦知良 (63分 18 城彰二) 32 中山雅史 (63分 30 呂比須ワグナー)	FW	ダエイ 10 アジジ 11
岡田武史	監督	ビエラ
中山雅史(39分) 城彰二(76分) 岡野雅行(延長29分)	得点	アジジ(46分) ダエイ(59分)
■井原正巳	警告	アサディ■ ハクプール■ マハダビキア■ アベドザデー■ ミナバンド■ アジジ■

18
4

クローズアップ
8 Hidetoshi Nakata

Number433号（1997年12月18日号）掲載

中田英寿

「楽しかったあの夜」

フランスへ向けた、長く苦しい闘いの舞台で、いつもピッチの中心に立っていたのは、彼だった。ジョホールバルの歓喜から数日後、勝利の立役者は、あくまでクールに日本代表での日々を振り返った。

「痛いよ、痛いよ」

笑いながらもがく声を聞いて、私は一瞬、本気で頭を殴ってやろうかと思った。確かに私の胸のポケットには煙草とライターが入っていた。首から固いプラスティック製のプレスパスがぶらさがっていたのも事実である。薄いサッカーユニフォーム一枚しか着ていない選手にとって、異物を強く押しつけられるのは不快極まりない経験だったかもしれない。通常時であれば、である。

だが、岡野のゴールデン・ゴールが決まったのは、まだたった2〜3分前の出来事だったのだ。私の頭の中は少なからず変調を来していたし、あの時、フィールド内に飛び込んだ日本人はほとんど同じ状態にあったと思う。以後の数十分で、私は数えきれないほどの人に煙草とプレスカードを押しつけ、同時に押しつけられもしたが、「痛い」などと言って笑った人間は一人もいなかった。

にもかかわらず、中田はその時笑ったのだ。

「そんなに喜ばないでくれ、俺のところに抱きつきにこないでくれって思ってましたよ」

アトランタ五輪の最終予選が終わった直後、彼がそう思ったという話は聞いていた。会う機会が増えていくにつれ、あの言葉が見栄でも強がりでもなく、本心から出たものだということはわかっていたつもりだった。だが、それでもワールドカップ予選は違う、今度ばかりは中田も感情を爆発させるのではないか、という予感があったのも事実だった。

あの日、中田はいつになく感情をおもてに出していた。中山にスルーパスを通した後は両拳を握りしめてガッツポーズを見せ、岡野が決定機を外すたびに大きく頭を抱えた。間違いなく彼は試合に賭けていたし、戦ってもいた。歓喜を爆発させる気配は十分に漂っていたのだ。

にもかかわらず、試合終了直後、彼はいたって平静だった。嬉しくないはずはない。春先から上半身の強化に努め、外国人選手に当たり負けしない身体作りをしてきたのも、様々な不満を呑み込み、周囲との円満な関係を築くことに腐心してきたのも、すべてはワールドカップに出場するためだった。だが、長かった戦いは終わった。もう、20歳らしい素顔をさらしてもいい時だった。

「いやいや、あんなに嬉しそうな金子さんの顔、初めて見たね。ダメだよ、出場が決まったぐらいで記者がそんなに喜んでたら」

試合が終わってから数時間後、彼はまたしても憎まれ口を叩いてきた。もう一度、私は本気で頭を殴ってやろうかと思った。

――「おめでとう」って言葉はもうずいぶん言われたと思うし、いろんな祝福のされ方もしてきたと思う。振り返ってみて、何が一番嬉しかった？

「そうだなあ、もちろん祝福されるのは嬉しいけど、それ以上に嬉しいのは、今まで以上にいろんな世界の人に会えるようになったってことかな。自分が知らない世界を知ってる人と会って、いろんなことを勉強していく。俺、そういうのを人生の目標みたいにしてるところってあったから、ワールドカップ出場が決まってからの何日間っていうのは、ある意味、人生最良の時期、チャンスだったかもしれませんね」

――たくさんの人に会えた。

「うん。それでね、一番嬉しかったのは、俺のプレーうんぬんよりも生き方や考え方に共感してくれる人っていうのが、案外いたんだってこと。この間、あるブランドのファッションショーの後のパーティーに行ってきたんだけど、俺のことをすんなり受け入れてくれる人がたくさんいた」

――そこまで分かって欲しいと思っているのに、どうしてメディアには……。

「みんなに分かって欲しいわけじゃない。まぁね、分かって欲しいっていうのはあるけれども、それよりもね、べつにわざわざ言わなくてもいいかなって。例えば俺がこれは黒いものだけど白にすると言って、それを分かってくれなかったら、あーそうですかってそう思うし」

けど。

――今回の代表チームの中ではどうだったんだろう。オリンピック代表の時は、はっきり言って君の態度にカチンと来てる選手はいたわけだし、人間関係でのトラブルもあったと思う。それが今回、外から見てると非常にスムースに行ってるなって気がしたんだけど。

「向こうが気を使ってくれたっていうのが大きかったですね。今回の予選でも、俺、ベンチに怒鳴っちゃったっていうか、ケンカしかけたシーンが少なからずあったわけでしょ。だけど、オリンピックの時と違ったのは、俺がキレかけた時になだめに入ってくれる選手がいたってこと。たとえばナナ（名波）とかね」

――気持ち的にそういうところで救われた？

「うん」

――イラン戦でも、岡田さんと相当激しい口調でやりあってた時があった。前半14分、君が自陣でドリブルしてカットされた時。

「ハハハ、よく調べてますねえ」

――見ててヒヤヒヤした。

「あの時は岡田さんだけじゃなく、マリオ（ＧＫコーチ）とも言い合ってたんですよ、俺。いや、彼らの言い分はわかるんです。俺だってリベロをやってたことがあるんだから、あの位置でボールを取られるのがどれほどしんどいことなのかはわかってる。だけど、俺の側の言い分を言わせてもらうと、あの時点でボールを持った時、クリアしか考えないサッカーじゃ上のレベルで戦えないんじゃないのってことなんですよ。俺がボールを持った、すぐに何人かの選手が動きだした、にもかかわらず俺が持ちすぎで取られたっていうんなら、怒られたって仕方ない。でも、残念ながら動きだしの遅さっていうのは、今回の日本代表がずっと抱えてた問題点だったわけでしょ」

――今回の予選で、特に試合の前半、君のパスがまるでトンチンカンなところに出てくるってシーンが何回もあった。それが後半になるとだんだん焦点があってくる。あれも周囲の動きだしの遅さと関係があったんだろうか。

「どうだろう。よくわかんないですけど。ただ、俺の場合、ボールをもらう前に周囲を見ておいて、実際にパスを出す時は全然違う方向を向いてるケースが多いから、走ってるはずのところに味方が走ってなくって、そういうシーンが多かったのかもしれないですね。後半に入ると、味方がどんな動きをするか、身体がわかってくる。それで焦点があってくるって感じかなあ。いつものことだけどね」

イメージ通りのサッカーができるようになった

――話をイラン戦にしぼろうか。強敵と見る向きが多かったけど、君はどれぐらいのスコアを予想してたんだろう。

「3―1」

――根拠は？

「ない。何となく。理想かな」

――実際に試合が始まってからは？

「前半を1―0で折り返したのは本当にイメージしてた通り。後半の立ち上がりにポンポンと2発やられたのは誤算でしたけど」

――君自身はビビってた？

「俺は、ビビる以前にこれ以上練習やりたくないな、合宿を。そう思ってました」

――漠然と3―1で勝てると思ってて、実際に3―1で行ける手応えをつかんだ。なぜ？

「相手がビビッているのを感じたから。イランはビデオでしか見ていなかったんで、強いのかなって思ってた。でも試合が始まったらあれって感じだった。彼らに疲れがあったのは事実だったと思います。後半の立ち上がりぐらいから動きの量が落ち始めてたし、延長に入るとガックリ止まりましたからね。ただ、いくら疲れてるといっても、技術っていうのはそんなに落ちないもんだと思うんです、若干精度が落ちることはあるにせよ。イランの技術は、疲れてる分を差し引いても、そんなに驚くようなもんじゃなかった。特にDFはひどかったね」

――じゃあ、逆転されてもそんなには慌てなかった。

「そんなには。でも、さすがにやばいなとは思いましたよ。俺の予想じゃ日本が先に2点を取って、その後ダエイに1点を返される。で、最後にダメ押しをするって感じでしたからね。イランで警戒するのは前線の3人だけっていうのはわかりきってたことでしょ。ところがその3人にやられちゃった。やっぱり、おいおいっていうのはねえ……」

――相手GKの遅延行為については？

「そのうちイエローが出るんじゃないかなって。勝手にしてって感じですかね。俺はこっちでイランの選手と話してる余裕がありましたもん。アジジとも始まる前にヨロシクーって言ってた。ダエイとはそんな感じじゃなかったけどね。あいつは目がイッちゃってたから」

――試合の途中から不思議なぐらい怒らなくなったよね。前半は、さっきも話に出たように岡田さんと怒鳴り合うなんて場面もあったのに、後半に入ると状況は悪化してたにもかかわらず、怒る場面がなくなった。それどころか、リーダーの風格さえ漂うようになった。特に後半18分、カズが交代してからはね。あの時から、自分がやらなきゃという思いが強くなったんだろうか。

「いえいえ別に。そんなことはありません」

――でも怒らなくなったのは事実だし、延長が始まる時なんかは守備陣に向けて手まで叩いてた。頑張れ、頑張れって。こっちは一瞬、ヨハン・クライフの姿がダブったよ。傲慢でエゴイストと言われてて、でもリーダーシップがあってっていう。

「俺は傲慢でもエゴイストでもないと思いますけどねえ……。ただね、あの試合に関しては、途中からサッカーがすごく楽しくなってたっていうのはある。イメージ通りのサッカーができるようになって、感情が高ぶってきたってのはね。ほら、岡野と城っていうのは、俺がずっと前からコンビを組みたかった選手なわけだし。ま、リーダーシップっていう点に関しては、ずいぶんとみんなビビッてて異常なぐらい静かだったんで、俺が声でも出して盛り上げるかな、と。別にチームを引っ張らなきゃとか、そういうことを考えてやったわけじゃない。指示の声が必要だと思ったから出しただけ。やって当たり前のこと」

——オリンピックから一緒にやってた城についてはコンビを組みたいっていうのもわかる。岡野は、なぜ？

「速さ。たぶん単純な50m走とかだったら、岡野とナラ（名良橋）って同じぐらいの速さだと思うんですよ。でも、岡野の場合はトップスピードに入るのが早い。ほら、俺の場合動きだしの早い選手を使いたいっていうのが前提としてあるわけでしょ。岡野の場合、仮に動きだしが遅れたとしても、結果的には俺がイメージしたパスに追いついてくれるんですよ」

——延長に入ってから、岡野にズバズバとラストパスを通したよね。でも、一向に決まらない。苛立ちはなかったんだろうか。

「なかったですね、全然。ずっこけたのはあったけど」

——GKと1対1になった岡野がシュートを打たずに折り返してきたシーン？

「そう。いやね、岡野はシュートを打たないだろうなってのは予感してたんですよ。彼は最終予選初出場だし、ビビッてるのはわかってたから。パスを出した瞬間、あ、これはシュートを打たないでDFにクリアされるんじゃないかなって思ったら、ドンピシャリでしょ。あのとき俺はのけぞってたんじゃなくて、ずっこけてたんです。腹は立たなかったなあ。面白いと思うぐらいの余裕がありましたもん。あの試合は9試合の中で一番楽しかったです」

——あれだけ外しまくってると、普通はイヤな予感がしてくるものだと思う。これはPK戦かなとか考えなかった？

「考えましたよ。イランが完全に引き分け狙いに切り換えたのもわかってたし。彼らからすると、内容的には完全な負け試合だったわけだから、PK戦になっても失うものはないでしょ。イヤな予感とかネガティブな発想とかいうんじゃないけど、これは行っちゃうかなっていう思いはあった。ただ、俺が出場した最後のJリーグ（対市原戦）でPK決めてたこともあって、ま、相手のGKが飛んでから反対側に蹴ればいいかなとは思ってました」

――PKって得意だったたっけ。

「ダメ。俺が外して負けたことだってありますから。でもね、延長の後半に相手のGKが城と激突したでしょ。俺、あれは間近で見てたんですけど、ヘタすると肋骨が折れたかな、ぐらいの強さでポストにぶつかってたんですよ。だから、あのGKが出てくるんだったらPK戦も大丈夫かなって」

――あの時は城も脳震盪《のうしんとう》を起こしてた。城の頭を抱えて一生懸命何か言ってたみたいだけど。

「一生懸命じゃないですけどね。痛いか？　って聞いたら痛いって言うから、大丈夫か？　って聞いただけ。普通のことですよ。あと残り時間少ないから、がんばって1点取ってください。そんなかんじ。あれ、城も相当ハードにぶつかってるんです。試合後も、食事するとすぐに気分が悪くなって寝ちゃったぐらいだから」

アジアのレベルは高くない

――決勝ゴールの話をする前にもう一つ。あの場面の直前、ダエイの決定的なシュートがあったけど覚えてる？

「あれはねえ……。完全にやられたと思いましたよ。ただ、ダエイもずいぶん疲れてたようで、シュートのポジションに入るのがちょっと遅れたのと、軸足がヨレてたのが見えたんです。それで、あ、もしかしたら大丈夫かな、と。あのシーンに関しては、イランの選手が大したものだったと思います。特にセンタリングをした選手ね。ゴール前に走り込んでたのはダエイだけだったのに、そこにピタリと合わせたんだから」

――さて、それじゃ最後の場面について聞こうか。試合直後は「俺が自分で決めるしかないって思った」って言ってたけど。

「ホントにそう思ってましたよ。地面は濡れてたし、GKはケガしてる。サイドネットに一直線って絵が見えたような気はしたんですけどねえ」

――シュートがGKのケガしている手の方に飛んだ。あれは狙ったの？

「当然」

――GKからしたら最悪の奴だなあ。

「俺にも〝爆発的なシューター〟とか〝俊敏なゴールゲッター〟とか呼ばれてた時代がありましたからね。いまは状況がパッサーであることしか許してくれないけど」

――岡野が決めた瞬間は？

「やっと終わったって感じ。ああ、これで練習しなくていいんだなあって」

――……。

「ホントだってば」

——昔のビデオとか見てみると、ゴールを決めるたびにガッツポーズを連発してるし、もっと素直に喜んでたけど。どうして喜ばなくなったの？

「どこでゆがんじゃったんですかね、いやいや……。ま、慣れですよ、慣れ。金子さんが言ってる場面って、たぶんU－17のナイジェリア戦のことでしょ。あれ、俺が代表になって初めてのゴールだったし、ナイジェリアには一度も勝ったことがなかったっていうのがあったから。嬉しくないわけじゃないけど、世界大会も4度目になると、出場を決めたぐらいじゃ感情が爆発するなんて感じはなくなるもんなんですって」

——そう言えば、大会前は〝出場が決まったらたぶん泣くと思う〟って言ってた川口もまるで泣いてなかった。挙げ句、〝今になって、なんでヒデがオリンピックの時に泣かなかったかがよくわかった〟なんて言ってた。

「でしょ。そういうもんですよ」

——今回の最終予選に参加しての収穫は？

「アジアのレベルは高くないってこと」

——それは収穫になるんだろうか。

「なりますよ。A代表に関して、今までの俺は漠然と〝レベルは低いんじゃないか〟と想像するしかなかった。ある程度の自信はあったけど、でも、100％じゃなかった。それが今度からは〝レベルは低い。負けるわけがない〟って確信を持ってやれますからね」

――悔いはある？

「ない。結果が出てますからね。予選だもん。行けばいいんだから。強いて言えば、1試合多かったことかな。ただ盛り上げることに関してはすごかったでしょ。これがJリーグにつながればいいですよね」


イラン戦が終わって数時間後のことである。真っ白になってしまった脳ミソに鞭打って原稿を書き上げた私は、ホテルのロビーで中田と落ち合った。開口一番、彼は「いやいや、あんなに嬉しそうな金子さんの顔、初めて見たね。ダメだよ、出場が決まったぐらいで記者がそんなに喜んでたら」と憎まれ口を叩いてきた。

一瞬、本気で頭を殴ってやろうかと思ったのだが、彼の顔を見て考えが変わった。あんなに嬉しそうな中田の顔を見たのは初めてだった。

今度はこちらがからかってやろう、そう思った時だった。中田が小さく声をあげた。

「あ、越後さんだ」

通り掛かったのはセルジオ越後だった。すぐに彼も我々に気づき、話に加わった。

「いやあ、よく頑張ったよ。今日の中田だったら久々にホメてあげられるね。高校時代以来かな」

私はギクッとして中田の顔を見た。彼は依然として嬉しそうな笑みを浮かべている。

「まったく、どうして最初からこれぐらい頑張っておかないんだ。そうしたら、マレーシアまでこなくても良かったのに」

セルジオの大きな右拳が中田の頭上にふりかぶられた。中田は首をすくめた。拳は軽くふり下ろされた。

煙草とライターとプレスカードを押しつけられるより、セルジオの拳が与えた刺激の方が強かったはずである。

だが、中田は痛いとは言わなかった。

一層大きくなった笑いが、その顔には浮かんでいた。

（金子達仁）

フランス大会（1998年）

1998 FIFA World Cup France

MEMBER OF JAPAN NATIONAL FOOTBALL TEAM

1998 FIFAワールドカップ フランス大会 日本代表メンバー

	背番号	氏名	所属(当時)	生年月日	身長/体重(当時)
GK	1	**小島伸幸**	ベルマーレ平塚	1966. 1.17	187 / 85
	20	**川口能活**	横浜マリノス	1975. 8.15	181 / 75
	21	**楢崎正剛**	横浜フリューゲルス	1976. 4.15	185 / 76
DF	2	**名良橋晃**	鹿島アントラーズ	1971.11.26	169 / 71
	3	**相馬直樹**	鹿島アントラーズ	1971. 7.19	175 / 72
	4	**井原正巳**	横浜マリノス	1967. 9.18	182 / 72
	5	**小村徳男**	横浜マリノス	1969. 9. 6	180 / 75
	13	**服部年宏**	ジュビロ磐田	1973. 9.23	177 / 71
	16	**斉藤俊秀**	清水エスパルス	1973. 4.20	181 / 73
	17	**秋田豊**	鹿島アントラーズ	1970. 8. 6	180 / 80
MF	19	**中西永輔**	ジェフユナイテッド市原	1973. 6.23	174 / 73
	6	**山口素弘**	横浜フリューゲルス	1969. 1.29	177 / 72
	7	**伊東輝悦**	清水エスパルス	1974. 8.31	168 / 69
	8	**中田英寿**	ベルマーレ平塚	1977. 1.22	175 / 72
	10	**名波浩**	ジュビロ磐田	1972.11.28	176 / 68
	11	**小野伸二**	浦和レッドダイヤモンズ	1979. 9.27	175 / 74
	15	**森島寛晃**	セレッソ大阪	1972. 4.30	168 / 62
	22	**平野孝**	名古屋グランパスエイト	1974. 7.15	178 / 73
FW	9	**中山雅史**	ジュビロ磐田	1967. 9.23	178 / 74
	12	**呂比須ワグナー**	ベルマーレ平塚	1969. 1.29	182 / 75
	14	**岡野雅行**	浦和レッドダイヤモンズ	1972. 7.25	175 / 69
	18	**城彰二**	横浜マリノス	1975. 6.17	179 / 72

監督 **岡田武史**

1998
FIFA World Cup
France

フランス大会グループHの総括

もしかしたら岡田監督の頭の中には、アトランタ五輪のブラジル戦のイメージがあったのかもしれない。アトランタ五輪代表監督を務めた西野朗《あきら》は、早稲田大学の先輩である。西野は勝ち目の薄いブラジルを丸裸にし、勝つ可能性を追求した。しっかり守って、クロスはDFの背後とGKの間に入れる。それを徹底し、ワンチャンスを活かしたことが、歴史的な勝利に結びついた。

ワールドカップの初戦は、強豪のアルゼンチンである。

岡田監督が「世紀の番狂わせ」を生むために「マイアミの奇跡」に倣って術を考えたとしても何ら不思議ではない。実際、岡田監督は、あえて攻撃的にチームを作り直すことをせず、守備をしっかり固め、カウンターからゴールを奪う練習を反復していた。

岡田監督は、失点を防ぐべく、中西永輔をクラウディオ・ロペスに、秋田豊をバティストゥータに、オルテガは山口素弘と名波浩が見るなど、マークを徹底させた。しかし、前半28分、バティに決められると、ゲームプランは崩壊。それでもディフェンス陣は背後霊のように相手に食らい付いた。試合後、ベーロンに「日本は良かった。僕らは自分らのプレーがほとんど出来なかった」と絶賛されたが、いい試合はしても勝てなかったのである。

相手に称賛されたのは、クロアチア戦も同じだった。

のちに得点王になるスーケルは、「日本はタフで、動きが止まらなかった」と日本を讃えた。だが、それはクロアチアの術中に完全にハマったことを意味している。彼らは暑さを意識して消耗戦を避け、日本の中盤にボールを持たせ、ボールを奪うや素早くスーケルら3名でゴールを狙うというシンプルな術を採った。

一方、堅守速攻の練習しかして来なかった日本は、逆にボールを持てることで「らしさ」を失ってしまった。クロアチアの省エネサッカー指向が、図らずも日本に混乱を引き起こしたのである。加えてその頃の日本には、自発的かつ能動的に動いて攻撃する力が備わっていなかった。

後半32分、スーケルに先制されると、攻撃する型を持たない日本は、なんとなく攻めては中央の厚い壁に跳ね返された。そうしてなす術もなく、2連敗を喫したのである。

「このチームは、どうなってんだよ。ワールドカップに出てくるチームは、みんな死に物狂いになって戦っているのに、どうしてうちはできないんだよ」

川口能活の魂の叫びがミックスゾーンに虚しく響いた。

ジャマイカ戦は、唯一勝てる可能性のある相手だったが、クロアチア戦同様にボールを持てるがゆえに、うまく攻撃を組立てられなかった。ブランド国相手には、そこそこ戦えるのだが、格下には自分たちが優位に戦えるのに自滅する。まるでワールドカップ予選を見ているような無様な戦い方だった。それでも0―2からストロングポイントだった左サイドからのクロスで、中山雅史が初ゴールを挙げた。歴史的な記録ではあったが、季節外れの打ち上げ花火のように虚しかった。

3戦3敗――日本のワールドカップ初陣は、かくも厳しいものだったのである。

（佐藤俊）

1998 FIFA World Cup France
GROUP H

vs. ARGENTINA

1998年6月14日 トゥールーズ スタジアム・ミュニシパル

Japan **0-1** Argentina

Number448号(1998年7月16日号)掲載

強豪を相手に善戦も、見せつけられた世界の壁。

初の大舞台で思い知った現実

開始直後、アルゼンチンは後方でゆっくりとボール回しをした。ワールドカップの緒戦である。まず慎重に相手の様子を見極めるというのは、格上のチームとしては常識的な選択だろうし、そこには日本を混乱させるという狙いもあったかもしれない。

アルゼンチンの強力な守備を考えれば、日本がまともに攻め合いを挑んでも得点を生み出すことは難しいだろうから、日本チームとしては、まず守りを固めて失点を防ぎ、カウンターから活路を拓くしかない。そして、カウンターを狙っているチームにとって、相手が攻めてきてくれないのはまことに困った状況なのである。アルゼンチンが攻めて来ないのに乗じて逆に攻め込んでしまうのか、それとも日本側も慎重にプレーして、見合いの状態にするのか。日本チームは、その決断を迫られることになる。その結果、日本に迷いが生じるかもしれない。

……パサレラ監督としては、日本がどう出るか様子見といったところだったのだろう。

ところが、日本チームはなんの躊躇《ためら》いもなく攻撃に転じた。昨年秋のアジア予選の頃までの日本チームだったら、本当に混乱をきたしていたかもしれない。だが、あの予選の苦しい経験を通じて、日本の選手たちはどんな状況にも対処できる柔軟性と強靱さを身につけていた。いずれにしても、アルゼンチンが全面攻撃に来なかったことは、日本の選手たちに余裕を持たせることになった。

いや、日本の選手たちはアルゼンチンの監督が期待したほど、駆け引きに頭を使うことを知らなかったのかもしれない。何も考えずに攻めに出た……？　そう思わせるほどスムースに日本が攻撃をしかけて試合が始まった。

開始1分過ぎには、中盤の遠い距離から山口が両チームを通じて初めてのシュートを放った。9分には右コーナーキックから城が折り返して名波が突っ込むチャンスがあり、13分には名波の縦パスに相馬が抜け出したがオフサイド。20分頃まではむしろ日本の方が押し気味に試合が進んだ。

トリッキーなプレーという面では、日本選手のテクニックのレベルはそれほど高いものではない。その後アルゼンチンに見せつけられることになるのだが、南米の選手たちには微妙で精度の高いボールタッチがある。アフリカの選手には、強靱で柔軟な筋力を生かしたトリッキーなプレーがある。それは、今の日本選手には真似のできるものではない。

日本の選手の良さは、パスを出す選手がパスのコースや角度を考え、パスを受ける選手が周囲を見て、どちらに身体を向けてパスを受けるかなどに気を使って、丁寧に、考えながらプレーできるところだ。ワールドカップ出場国でも、そのへんの意識がかなり雑なチームは多い。

かつては、こういった個人戦術の分野も、日本選手の大きな欠点の一つだった。だが、Jリーグ発足を前にした時期からそういう意識を持たせる指導がなされるようになり、とくに代表監督に就任したハンス・オフトが、そうした意識を強調し続けたのが実を結んだ。わずかな時間で、もともと生真面目な性格の日本人はそれを十分に受けいれていた。

日本のダイレクト・パスが面白いようにアルゼンチンの選手の間を抜けていく。初めてのワールドカップ。そして強豪アルゼンチンということで緊張と不安のあった日本の選手たちも、「これはいける」と感じ取ったことだろう。そして、アルゼンチン選手にも「これは手強いか」という意識が植えつけられた。

パサレラ監督は立ち上がりに慎重にプレーして日本の様子を見ようとしたのだが、狙いは失敗だったようだ。

しかし、同じようにダイレクトでパスをつなぎ、パスの角度やコースを考えてプレーしたとしても、個々のキックの精度という面ではアルゼンチンの方がはるかに上だったし、パスのスピードにも非常に大きな差があった。これは、完全に個人技のレベルの差である。

個人技の差というと、個々の選手の問題であるかのように思われるが、一人一人の選手のテクニック、あるいはボールタッチの感覚などは、その国のサッカーの長い伝統が生み出すものである。アルゼンチン選手のボールタッチの感覚は、同じ南米といっても、ブラジル選手のそれとはまったく異なっている。トゥールーズで戦った日本とアルゼンチン、それぞれ11人ずつの代表選手の差。それはその選手たちの差というよりも、むしろ両国のサッカーのトータルな差なのである。これは戦術的工夫などで容易に埋めることのできない差だ。そういう点も含めて日本がアルゼンチンに追いつくには、おそらく一世代以上の長い年月が必要となるのだろう、いつか追いつくことができると仮定して……。

もともと、アルゼンチン・サッカーはダイレクトで短く、速いパスをつなぐのを特色としている。ほんの2、3mの距離で、速く、強いボールを回すことができる。

20分を過ぎたころから、ベーロン、サネッティからオルテガにボールが供給され、オルテガを中心にアルゼンチンの攻撃陣が速いパス回しを見せるようになる。アルゼンチンが、エンジン全開で攻撃をしかけてきたのだ。

こうなると、日本の選手にとってはかつて経験したことのない高速での展開となってしまう。日本選手はパスについていくのが精一杯。精神的集中を保つのが難しくなり、それまでは井原を中心に高目に維持し続けていたディフェンスラインも徐々に後退を余儀なくされてしまう。せっかくボールを取り返しても、それを正確に前線までつないでキープすることができず、すぐにボールを取り返されて、波状攻撃を受ける。そんな最悪のパターンが続くようになる。

28分のアルゼンチンの先制ゴールはそんな状況の中で生まれた。中央右寄りからオルテガが左のシメオネにはたき、シメオネからダイレクトでオルテガにボールが戻ってくる。それが日本選手に当って、バティストゥータの前にポトリと落ちた。

パスの組み立てとしては、なんでもない形と言ってもよかったが、そのパスの鋭さとスピードのおかげで日本の選手にとっては対処が難しくなってしまったのだ。

そして、予想外のところに落ちてきたボールに対して、バティストゥータが見せた落ち着きはどうだ。フリーのところにボールが来たら、そのまま強いシュートを打ちたくなってしまうものだが、バティストゥータは落ち着いてGK川口の動きを見て、ボールの落ち際を右足首のスナップをきかせて、左スミに確実に決めたのだ。

まざまざと見せつけられた実力差

パスのスピードもなければ、バティストゥータのようなストライカーもいない日本チームは、丹念にパスをつないで、裏のスペースにフリーで走り込むことで活路を見出すしかない。しかし、そのパスの供給役であるはずの中田も、中盤のまだプレッシャーのそれほどきつくない位置では、自らドリブルでキープしたり、つなぎのパスを使って組み立てることができても、裏にスペースを見つけてそれを衝く鋭い突破のパスを出すには至らない。アルゼンチンのディフェンスは、今の日本の選手たちにとってあまりにも強力だった。

ただ、アルゼンチンもおかしかった。1点を先制した後、もしアルゼンチンがそのまま全面攻撃を続けていたら、すぐにでも2点目を奪われ、その時点で試合は終わっていたはずだ。2点差があれば、アルゼンチンは余裕を持って逃げ切っただろう。

しかし、実際にはアルゼンチンは1点を取った後、再びスローダウンしてしまうのである。その理由は分からないが、前半の立ち上がりに日本が攻撃の形を作っていた記憶が残っていて、アルゼンチンの選手たちの間に「この相手には、慎重にいったほうがいい」という意識が生じていたのかもしれない。

それでも、前半のうちは、アルゼンチンが一方的に試合をコントロールしていた。日本はディフェンスが押し込まれ、また攻撃のためのパスがつなげられないまま、またたく間に45分の時間が過ぎてしまった。

後半もこのままの形で進めば、早い時間に2点目を失うことになっただろう。だが、アルゼンチンの選手たちは、やはり日本は格下という意識があったのか、ゲームに集中していなかったようだ。

後半に入ってすぐの51分、オルテガが井原に対して無用なドリブルを挑み、井原にカットされてしまうプレーがあった。そのプレーには「アジア人のディフェンダーなどにオレのドリブルを止められてなるものか」といった驕《おご》りが見て取れた。こうして、何本かのフリーキックを除いて、アルゼンチンにも決定的なチャンスは生まれず、時間は70

分を過ぎていった。

そして、70分を過ぎると日本の猛追が始まった。76分には中田の長いフリーキックに右から名良橋が走り込んでフリーになったが、ボレーシュートは左に外れ、82分にはコーナーキックくずれから秋田が狙ったが、このシュートもポスト左をかすめていった。いずれも、入っていてもおかしくないチャンスだった。この時間帯に同点としていたら、アルゼンチンがどんなに攻撃をしかけてきてもそのまま守り切って引き分けに持ち込めただろう。結果的には、実に惜しい試合だった。

しかし、日本と世界の頂点との差も明らかになった。

たしかに日本が攻勢を取る時間帯もあった。だが、それはアルゼンチンが慎重な試合をしたり、またアルゼンチンが空回りしてしまった時間帯であり、日本チームはそれをうまく利用しただけなのだ。日本が自らしかけてアルゼンチンを追い込むことができたわけではない。アルゼンチンがきちんと試合をしている時には、どうしようもなく振り回され、押し込まれてしまうのが現実なのだ。もし、得失点差などの関係でアルゼンチンが3点差をつけて勝ちたいと思えば、彼らは日本からかなり確実に3ゴールを奪うことが可能だろう。

アルゼンチンに追いつき、本当に五分の勝負を挑めるようになるには、戦術的工夫だけでは不十分。やはり個人技のレベルを相手に近いレベルまで上げなくてはならない。

そして、それには長い時間が必要となる。

試合内容としては、日本とアルゼンチンの実力差をまざまざと見せつけられた一戦だった。したがって、攻撃的な局面を何度も作って1点差の負けというのは、現状では「最大級の善戦」と言わざるを得ない。

現実的な判断に戻ろう。日本チームにとって、6月14日のアルゼンチン戦は最大の目標だった。ワールドカップのデビュー戦であり、それも、優勝候補の一つという強豪との顔合わせなのだから当然である。

しかし、日本にとってアルゼンチン戦がすべてというわけではない。アトランタ五輪の時のように「アルゼンチンには勝ったけれど1次リーグ敗退」では何にもならない。逆に、アルゼンチンには負けても(ある意味では負けは当然の相手とも言える)、1次リーグ突破の可能性はまだ残っていたわけである。

その意味ではアルゼンチンに対して0—1、つまり最小得点差での負けというのは、最後に得失点差の争いになった時に意味を持ってくる可能性があった。

70分過ぎに日本チームは1点差を追って、攻勢に転じた。ここでどうしても1点取って追いつきたいのならば、単にストライカーの一人を中山から呂比須に入れ替え、左サイドの相馬をより攻撃的な平野に代えるだけではなく、フォーバックに変更して小野を投入して、小野、中田、名波を並べて最も攻撃的な布陣に変えることもできたはずだ。

だが、岡田監督は2人までしか交代枠を使わなかった。

そのような交代をしたとすれば、たしかに日本のチャンスはもっと増えただろう。だから、アルゼンチン戦だけを見れば、消極的な采配と言うことができる。

だが、アルゼンチンの守備の強さを考えれば、もし日本がさらに攻撃を強めたところで同点に追いつけるチャンスがどれだけ増えるかといえば、それはごく僅《わず》かとしか言えない。そして、試合途中でフォーメーションを変えることでバランスを失い、失点を重ねる危険も大きい。そうしたことを勘案して、岡田監督は「攻撃への欲望」を我慢したのだろう。アルゼンチン戦でギャンブルをするよりも、そのまま0―1で負けた方が、総体的に見て1次リーグ突破の確率は高くなったからである。そして、クロアチア、ジャマイカに対して、小野を入れた攻撃的布陣を隠すことにもなる。

日本がアルゼンチンと戦う前日、リヨンでは韓国がメキシコと対戦していた。

メキシコが一方的に押し気味の試合が続いたが、28分に河錫舟《ハソクジュ》のフリーキックが相手の壁に当ってコースが変わってゴールに入るというラッキーな先取点が韓国に転がり込み、ライバルの日本より先にワールドカップで1勝できる見通しが出てきた。ところが、その2分後に河錫舟が退場。韓国は一人少なくなってしまったのだ。中盤の柳相鐵《ユサンチヨル》が左サイドバックの位置に入って、なんとか韓国はリードを保ったまま前半を終えた。

当然、後半に向けて柳相鐵を中盤に戻し、守備を立て直す必要があった。ところが、車範根《チャボンクン》監督はハーフタイムにもメンバー交代を行わず、51分にメキシコが同点に追いついてから慌ててディフェンダー2人を入れて、守備固めを始めたのだ。

さらに押されつづけながらも1—1の状況が続く。普通なら、1人少ないチームは1—1で終われば大成功である。ところが、車範根監督は残り20分になってからFWの徐《ソ》正源《ジョンウォン》を入れて、攻撃をしかけるというギャンブルに打って出たのだ。それが裏目に出て、韓国は2点を奪われ1—3で敗れてしまった。

車範根監督としては、引き分けでは意味がなかったのかもしれない。後の相手（オランダ、ベルギー）を考えれば、メキシコ戦にはぜひとも勝ちたかっただろうし、1勝もできなければ解任されることを予期していたのかもしれない。車範根は、ぜひとも、韓国サッカー史上初のワールドカップ勝利監督になりたかった。その「欲」が、采配ミスを引き起こし、貴重な勝ち点1を逃してしまうのである。

ギャンブルに出た車範根。攻撃への誘惑にかられながらも（おそらく）ギャンブルに出るよりもアルゼンチン戦を最小得点差で負けることを選択した岡田武史。まさに対照的な采配ぶりだった。岡田監督の我慢が実を結ぶのか否か。クロアチアに敗れたことで可能性は消えたのだが、アルゼンチン戦の時点で考えれば、可能性を少しでも高めるという意味では合理的な選択だったのは間違いない。

（後藤健生）

1998 FIFA World Cup France

GROUP H

1998年6月14日 トゥールーズ スタジアム・ミュニシパル

日本、アルゼンチンともに3－5－2の布陣。相馬、名良橋の両ウイングは、当初高い位置をキープしていたものの、対峙するサネッティ、シメオネに押されるようにして最終ラインまで下がり、実質的に5バックの陣形に。攻守切り替えの起点となるべき名波、山口も守備に忙殺された。FWにキープ力がないため、最終ラインからの押し上げも困難だった。

日本 0		[0－1 / 0－0]		1 アルゼンチン
20 川口能活	GK		GK	ロア 1
2 名良橋晃	DF		DF	アジャラ 2
3 相馬直樹	DF		DF	センシーニ 6
（84分 22 平野孝）	DF		DF	（72分 チャモ 3）
4 井原正巳	DF		DF	ビバス 14
17 秋田豊	DF		MF	アルメイダ 5
19 中西永輔	MF		MF	シメオネ 8
6 山口素弘	MF		MF	オルテガ 10
8 中田英寿	MF		MF	ベーロン 11
10 名波浩	MF		MF	サネッティ 22
9 中山雅史	FW		FW	クラウディオ・ロペス 7
（65分 12 呂比須ワグナー）	FW		FW	（61分 バルボ 18）
18 城彰二	FW		FW	バティストゥータ 9
岡田武史		監督		ダニエル・パサレラ
		得点		バティストゥータ（28分）
■井原正巳 ■中西永輔 ■平野孝		警告		

YAMAGUCHI
6
18
5

1998 FIFA World Cup France
GROUP H

vs. CROATIA

1998年6月20日 ナント スタッド・ドゥ・ラ・ボージョワール
Japan **0-1** Croatia

Number448号（1998年7月16日号）掲載

消極的采配が招いた黒星。勝てる試合を落とす。

グループリーグ突破は絶望的に

日本ホーム。試合会場「ボージョワール」は満員で、その3分の2を日本人が埋めていた。緑の芝生を、エネルギー全開の太陽がギラギラと白っぽく照りつける。暑かった。気温32度。前日を境に一変した真夏の陽気が、場内に漂う熱を強烈に後押しした。初戦の現場とは異なる、落ち着きのない喧噪《けんそう》が、何かが起こりそうな予感を抱かせた。静かな戦いにはなりそうもないよ。打ち合いになりそうだね。スタンドに入るや周囲の誰かとそんな会話を交わしたように記憶する。

最終ラインが深いポジションを取る3—5—2。クロアチアのフォーメーションは一言でいえばそうなる。ヤルニ（左）、シミッチ（右）の両ウイングハーフのポジションと、守備的MFユルチッチのポジションを同じ高さと見なせば、3（ソルド、スティマッチ、ビリッチ）—3（ヤルニ、シミッチ、ユルチッチ）—2（アサノヴィッチ、プロシネツキ）—2（スーケル、スタニッチ）と言い表すこともできる。しかし、3—3—2—2の布陣は、ボールの支配権がクロアチアにあるときこそ鮮明になったが、それが日本側に移るやヤルニ、シミッチはたちどころにポジションを最終ライン付近まで下げ、5—1—2—2の布陣を形作った。

クロアチアは初戦でジャマイカを3—1と下し勝ち点3を得ている。銀行口座に蓄えはある。故障が完治せずW杯に参加することができなかったボクシッチ、そして、ボバンまでが故障で戦列から離脱した。ハンディを抱えての戦い。暑さ、アウェー感も加わる。日本のFWが弱体であること、切り札といわれる中田にシュート力が決定的に不足することも分かっていたはずだ。彼らの示した守備的なシフトは常識的な選択といえた。

一方日本は、文字通りの3—5—2で、5—3—2といわれても仕方のなかった加茂監督体制下とは明らかに違っていた。3—5—2対5—1—2—2。日本はマイボールになったとき、中盤で数的優位を作りやすい状況に立っていた。ところが、前半の半ば過ぎからミスが続出する。中西、中田、城……。技量不足、判断の悪さから、あわやというピンチを招く。印象的なのは山口のプレーだ。最終突破を敢行しようと眼前の敵に股抜きを試みようとして失敗、反転速攻を食ったシーンである。中盤の底を務める選手まで、深く攻め上がれる環境が用意されていた。これこそがクロアチアの罠《わな》だった。日本の重心が前に掛かるところを、正確なロングパスを使って少人数で速攻を図ったのだ。

前半30分を経過すると、日本の最終ラインもクロアチアにも負けないほど後退してしまう。井原の位置はとりわけ深く、互いにトップと最終ラインが間延びする前時代的なサッカーを展開した。中盤でプレスを掛け合うシーンはなく、ゴール前からゴール前へとボールは大きく一気に移動した。いわゆるノーガードの打ち合いになったのだ。スコアこそ0—0のまま推移したが、漫然と抱いた試合前の勘は当たっていた。

日本が中盤で何度かミスを重ね、ピンチを連続して招いた後に起きた33分のシーンである。名波は自軍右サイドに侵入したプロシネツキと対峙し、一対一の時間は長時間に及んでいた。逆サイドで構える中田は、プロシネツキの持ちすぎを素早く察知し、すかさず名波のサポートに走り、一瞬バランスを崩したプロシネツキに近づくと、ボール奪取に成功する。そして彼は瞬間、中山を見た。パスを狙うべきポイントを探し、中山がそこに到達するであろう時間を瞬時に計算したうえ、自らのキック・モーションをゲームメーカーらしい独特の身のこなしで微妙に調整した。パスはクロアチア守備陣の急所を抉《えぐ》る。中山のトラップもまた完璧だった。一連の流れに逆らうことなくスムーズに右足を振り抜いた。ヒット感、方向性にも優れたが、しかし、クロアチアGKラディッチは、中山の一撃を悪魔のようなセーブで跳ね返したのである。

負ければ決勝トーナメント進出はほぼ絶望。引き分けでも可能性は2、3割程度しか残らない。引き分けても、敗れてもまだ先があったアルゼンチン戦と、置かれた状況は異なるのだ。早い話が崖っ縁。当然、打ち出すコンセプトも異なってしかるべきだが、岡田監督の提示したスタメンは不動だった。置かれた立場の変化より、クロアチアがアルゼンチン同様の格上であることを重視した結果か。あるいは、ボクシッチに続き、ボバンまでを欠くクロアチアの戦力、出方を見てから判断しようとしているのか。はたまた90分という限られた時間内での采配に自信を持ち合わせていたのか。

同じ戦い方でスタートしようとする狙いを全面的に否定する気はない。攻撃モードへギアをどうシフトさせていくか。少なくとも僕は、この日ほど岡田監督の采配、すなわち、その試合を読む力、チームの症状を読む力と対応すべきアイデアに関心を寄せた試合はない。また、心配を寄せた試合もない。0—1と負けていたにもかかわらず、3度できた手術を2度しか行なわず、その2度目の手術にしても残り6分になってからだったという初戦の対応ぶりには、実はヤブ医者ではないかとの不安も押し寄せるのだ。

幸いにもクロアチアの攻撃的精神はそう高くない。内容は互角。前半を終了し、残された時間がわずか45分に迫っても、暗い気分に陥ることはなかった。岡田サン頼むよ。僕は選手以上に彼の動向に目を凝らした。

何の手だても講じなかった岡田監督

だが、岡田サンはその15分後、気分を暗転させてくれた。驚くべきことに、後半グラウンドに姿を現わしたメンバーは前半とまったく同じだったのである。クロアチアとは対照的な姿だった。スティマッチ（センターバック）OUT。ブラオヴィッチ（FW）IN。しかも施した手術は実に複雑だった。ブラオヴィッチが入ったため、前半FWを務めたスタニッチは本来のポジションである右のウイングハーフへポジションを移し、スティマッチの抜けたセンターバックには、前半右サイドを務めたシミッチが充てられた。1回の手術が、プラス2カ所のポジションまで変化させたのである。

クロアチア側の狙いは定かではないが、日本より余裕を持ち合わせているはずの彼らの方が先に動いたという事実に、僕は大いに落胆し、次第に怒りがこみ上げてきた。余裕がないから動けないのか。

城が後半立て続けにチャンスをつかむ。3分のヘッドはフリー。12分のシュートは、背後にマーカーが誰もおらず、振り向く時間があったにもかかわらずオーバーヘッドだった。ボールはともに枠さえも外れた。城は岡田監督からFWの中心人物として期待される選手である。だがしかし、初戦では90分を通し精彩を欠くプレーを連続させている。守備で貢献したという意見に耳を貸すことはできるが、とはいえ、終盤中山と交替で出場した呂比須との存在感の差は歴然としていた。背筋をピンと伸ばし、ゴールを向いて局面打開を図るその姿に、高い可能性を感じたのは僕だけではないはずだ。

多くの人はどういうわけか忘れている。最終予選で呂比須は、チームに合流して日が浅いというハンディを抱えていたにもかかわらず3試合連続ゴールを決め、日本の窮地を救ったという事実を。あのとき確かマスコミも、こぞって救世主と称したはずである。ところが、監督が加茂氏から岡田氏に代わると、彼の名は2試合でスタメンから消え、それについての異論は起きなかった。時代の寵児とされる中田とのコンビが合っていないと報道されたこと、呂比須より城を推す岡田監督の人気が上昇したことも追い打ちを掛けた。「なぜ城なの、なぜ僕じゃないの」。大会直前になって呂比須は不満を露わにしたというが、不満分子といわれかねないそうした発言を耳にしても、彼を責める気にはなれなかった。僕も同感だったからである。

そのときプレッシング・サッカーは実践されておらず、少なくともFWに守備力は求められていなかった。僕は、呂比須の登場をいまや遅しと待ち望んだ。

後半16分、ベンチに下げられたのは、守備面で城より貢献していた中山で、交代出場したのは呂比須ではなく岡野だった。

岡野は長髪を振り乱し、出場するや右、左のオープンを一度ずつ突破した。日本ペースは、岡野出場でいっそう加速した。だがクロアチアは、「それはこの方式で解けるはずだ」と、まるで中学の教科書に出てくる基本的な公式を用いるように、岡野問題をあっさりと解決した。ただでさえ深いバックラインをもう5m下げ、両ウイングハーフまで常時、同じラインにまで下げたのだ。岡野にその後、見せ場が訪れることはなかった。

20分、ヤルニのセンタリングをスーケルがヘディングシュート。22分、クロアチアは2回目の交替を行う。プロシネツキOUT、マリッチIN。25分、スーケルのFKはクロスバーを越える。続く26分、アサノヴィッチのセンタリングを巧みにトラップしたスーケルが、ふわりとした技巧的なシュートを川口の頭越しに放つ。そして、クロスバーに当たり際どくゴールを逸れる弾道に、胸をなで下ろす。

同じゴール裏のサイドでは、小野が身体をほぐしていた。クロアチア・ペースは明らかで、メンバーチェンジは行なわれてしかるべきだった。日本の最終ラインとトップはこの試合でもっとも間延びし、山口、名波への負担は増していた。どちらかのＦＷを一枚落とし、中盤選手を入れるべき。そう思った僕は、てっきり小野が、間もなくその役として登場するものとばかり思っていた。しかし……。悲劇は直後に訪れた。

翌日、ランスで観戦したユーゴは、4―4（2―2）―2のフォーメーションを敷くチームである。だが、ツートップは瞬間瞬間でワントップ・スタイルを保っていた。コバチェヴィッチがトップを張るとミヤトヴィッチが左斜め下に引いたポジションを取る。ミヤトヴィッチがトップに張ればコバチェヴィッチが左斜め下に構える。それを約束事にすることで左右のバランスを取っていた。たとえばミヤトヴィッチが引いたとき、いわゆる第2列は左からミヤトヴィッチ、ストイコヴィッチ、スタンコヴィッチが並んだのである。3者の中では若干引き気味のポジションで構えるストイコヴィッチを軸とするトップを含めた4人は、常に菱形を形作っていた。なぜ4―5―1と言わないのか。それは両者がＦＷとして登録されているからだ。ただそれだけのことである。

翻って日本代表である。ツートップの構えはいつでも平行で、山口、名波、中田が織りなす三角形はいつでも左によりがちだ。この試合の後半はそれがさらに縦長の傾向に陥っていた。この症状を改善するためにはどうすればいいか。ＦＷのどちらかを右サイドに下げるか、あるいは中盤選手を誰か投入し、形を保つための駒とするかのどちらかである。日本の現状を考え合わせれば、後者の方が得策だ。小野、伊東。中盤ならどこでもできそうな選手がしっかり存在するからだ。ミスが目立ち始めていた中田をより高い位置に構えさせ、リスクを軽減することも可能となる。

ワントップ。FWを下げ中盤選手を入れる。ともすると消極的な作戦と捉えられがちだが、クロアチアの守備者が後方に並ぶために起きた中盤にパスコースが多いという状況、ツートップと中田との関係が息詰まり傾向にあった自らの症状を考えれば、攻撃は遥かにメリハリがきいてくる。相手の最終ラインをおびき出す手段としても有効だ。

問題はある。その場合ワントップが岡野になってしまうことだ。岡野にワントップは難しい。後半16分での岡野の投入は早すぎた。その後の組み替えのパターンの可能性を、確実に減らす結果になった。まず呂比須。そして、小野か伊東。岡野は最後の飛び道具に止めておくべきだった。持ち駒を打つ順番を間違えた。

試合後、報道陣が選手の談話を取る場として設けられているミックスゾーンを通過する川口は、ひどく不機嫌な表情を浮かべていたという。失点シーンで、左手が伸びなかった自身のプレーに対する怒りと、その状況を招いてしまった井原のポジショニングに対する怒りが、同時に去来していたものと推測される。だが、僕は井原や川口を責める気にはなれない。1点奪われたその瞬間、死を迎える。しかもそのとき、相手は攻勢を強めていた。そうした状況下で何の手だても講じなかった岡田監督の采配に比べれば、取るに足らぬことだ。

2人目の交替は名良橋に替えて森島だった。

「4―4―2は攻撃的な作戦だと思ってます」。確か、キリン杯のパラグアイ戦（5月）の後だったと記憶する。岡田監督のそうした発言を耳にしたのは。4―4―2は攻撃的。3―5―2は守備的。この発想はあまりに前時代的だ。4―4―2にも3―5―2にも、内訳は何通りもある。監督に求められるのは相手と関わる中での微調整だ。見え始めた症状にどう対処するか。いかなるアイデアをぶつけることができるか。持ち駒をどのように組み替えれば有効か。矛先は常に相手に向いていなければならない。

「4―4―2は積極的」という発想は、ひとり相撲の世界の話である。

その伝でいえば、岡田監督が積極的になったのは0―1になった後ということになる。もう2点取らなければ〝目標〟達成は難しい。そんな絶望感漂う局面になって初めて積極的になられても、絶望感が加速するだけである。

相手は引いて守っている。中盤はがらがらだ。にもかかわらずドリブラーの森島を入れるとはどうしたわけだろう。

後半39分に行なった3人目の交替は、末期的ですらあった。名波ＯＵＴ。呂比須ＩＮ。ミックスゾーンで岡野はこう漏らしている。「（ＦＷ）3人の並び方について特別な指示はありませんでした」と。その後、展開されたのは放り込みである。３人のＦＷ目掛けてのハイクロスだ。呂比須は１８２㎝で、岡野、城に至っては１７０㎝台だ。クロアチアの長身選手に対しては効き目のない作戦である。上空からにらみを利かすB29を竹槍で突こうとするような、そんな間抜けな作戦の先兵として起用されたのが呂比須であるところに僕は堪《こら》えようのない悲しみを覚えるのだ。終了間際、ドリブラーの森島が、中盤の深い位置から呂比須と岡野を目掛けて、縦にロングボールを蹴り込んだとき、すべては一切、説明のつかないものになっていた。散り際は決して美しくなかった。見たくないものを見せられて、そして負けた。

勝てたかも知れない試合だった。最悪でも引き分けは可能だった。悔しい。情けない。もったいない。時間が経過するほど怒りはこみ上げる。もし勝っていれば……。それなりの人物が監督を務めていたら……。

ＦＷの決定力不足。とうの昔に分かり切っていた事実をいまさら敗因に挙げていてはこの世界に進歩はない。監督の経験不足、能力不足。よく考えれば、だが、これもまた以前から分かり切っていた話である。彼を監督に祭り上げてしまった人物、この期《ご》に及んでまだ彼に監督を続けさせようとする人物の責任こそ追及されてしかるべき。選手はやればできそうだった……。

（杉山茂樹）

1998 FIFA World Cup France

GROUP H

1998年6月20日 ナント スタッド・ドゥ・ラ・ボージョワール

カウンターを狙うクロアチアの戦術が的中した。77分、井原のクリアしたボールをアサノヴィッチが拾い、絶妙のクロス。スーケルが左足で決勝ゴールを叩き込んだ。積極的に攻めた日本だったが、再三にわたって好機を演出しながら、最後まで得点はならず。改めて決定力不足が浮き彫りとなった。この段階で、決勝トーナメント進出はほぼ絶望的に。

日本	0	0 - 0 0 - 1	1	クロアチア
20 川口能活	GK		GK	ラディッチ 1
4 井原正巳				スティマッチ 4
17 秋田豊	DF		DF	（46分 ブラオヴィッチ 19）
19 中西永輔				ソルド 14
2 名良橋晃				ビリッチ 6
（79分 15 森島寛晃）				ヤルニ 17
3 相馬直樹				シミッチ 20
6 山口素弘	MF			ユルチッチ 21
8 中田英寿			MF	アサノヴィッチ 7
10 名波浩				プロシネツキ 8
（84分 12 呂比須ワグナー）				（67分 マリッチ 11）
9 中山雅史				スタニッチ 13
（61分 14 岡野雅行）	FW			（88分 トゥドル 15）
18 城彰二			FW	スーケル 9
岡田武史		監督		ミロスラフ・ブラゼヴィッチ
		得点		スーケル（77分）
■名波浩 ■中西永輔（次戦・出場停止） ■秋田豊		警告		プロシネツキ■ スタニッチ■

1998 FIFA World Cup France
GROUP H

vs. JAMAICA

1998年6月26日 リヨン スタッド・ドゥ・ジェルラン
Japan **1-2** Jamaica

Number448号(1998年7月16日号)掲載

3戦全敗という結末に、こみ上げる怒り。

中山のゴールも勝利にはつながらず

誰もいなくなったフィールドを、彼は一人で歩いていた。ぐっしょりと濡れたアンダーシャツを身体に張りつかせ、よろめくように歩いていた。

彼は時折、気力を振り絞るようにして両手を掲げた。歓声に応えているのでもなければ、拍手をしているのでもなかった。手の平が合わされ、頭が垂れた。彼は何かを詫びているようだった。あたかも、敗北の責任がすべて自分にあるかのように――。

重い足取りがフィールドを一周するのに、10分近くかかっただろうか。何度も立ち止まり、そのたびに頭を下げてきた彼がメインスタンドにある記者席の前を通りすぎようとした時、私は息を呑んだ。

川口能活は、泣いていた。

「よくやったぞ、よしかつ！」

スタンド最前列に押し寄せたファンの中から声がかかると、フランスの若い女性の間で秘かなブームになっているという端正な顔だちが苦しげに歪んだ。

冷たい怒りがこみ上げてきた。

誰が、日本代表をこんなチームにしてしまったのか。どうやったら自国にプロ・リーグすらない、人口わずか250万人の小国に負けることができるのか。なぜ、素晴らしいセーブを連発したゴールキーパーは、降りしきる雨の中、泣きながら懺悔《ざんげ》しなければならないのか。

答えは、明らかだった。

「選手たちは100パーセントの力を発揮してくれました。敗戦の責任は、すべて私にあります」

記者会見場に現われた岡田監督の表情は、何かを吹っ切ったように涼しげだった。もう間違いない。彼は辞任する腹づもりでいる。言葉の通り、3戦全敗の責任をすべて背負い、黙って監督の職を辞するつもりでいる。

すべてが彼の責任ではないというのに。

冷たい血が身体中の血管という血管を凍らせていくのを感じながら、私は記者会見場を出た。スタジアム場内のスピーカーからは気だるいバラードが流れている。エアロスミスの〝クレイジー〟だった。

6月26日、日本代表のワールドカップは終わった。身体にまとわりつくような、じっとりとした雨の降るリヨンで終わった。アジアから出場した4カ国中唯一の、たった1ポイントの勝ち点すらあげられなかったチームとして、終わった。

相手の実力が高くなかったせいもあるが、ジャマイカ戦の日本は、必ずしも悪い出来ではなかったと思う。開始早々の1分、ここまでシュートの少なかった名波がいきなりバーをかすめるシュートを放ったように、チーム全体に「ゴールを狙おう、勝とう」とという積極性があった。自信のなさを補うポーズなのか、奇妙な笑顔が目立った城も、この日は頭をかきむしるほど気持ちを表に出すストライカーに変わっていた。

依然として交代のタイミングの遅さは気になったものの、岡田監督も一気に2人の選手を交代させる思い切った策をとった。後半立ち上がりから選手を代えなかったことについても、過去の2試合とは違い、理解できる部分がないでもない。というのは、まったく攻め手がなかったのであれば、新しい選手を投入して流れを変える必要があるが、この日、日本の攻撃陣は得点がなかっただけで、チャンスはずいぶんと多く作っていた。「このままの流れに賭けてみたい」という気持ちは、わからないでもないのだ。

しかも、4―4―2になってからの日本は、それまで以上にチャンスを作るようになったから、これは間違いなく岡田采配の功績と言っていい。ジョホールバルでのイラン戦以来、久々に見る効果的な選手交代であり、戦術の変更だった。「このままでは日本に帰れない」との思いが、いい意味で彼をキレさせたのかもしれないし、あるいは過去2試合の教訓が大胆な戦術の変更を可能にしたのかもしれない。とにかく、最近になって急速にクローズアップされるようになった監督の采配も、それほどひどいものではなかった。従って、この試合に関する限り、私は結果をもって選手や監督を責めようとは思わない。単に、シモンエスの方が役者が一枚上だったというだけのことである。

「自分たちより強いチームと戦う時は、相手を鏡のように思えばいい。日本であれば、相馬の攻撃力が凄い。ゆえに、彼をマークして、こちらがボールを奪ったら相馬、名波のサイドから攻撃しろと命じておいた」

何という単純かつ明快な指示だろうか。そして、ジャマイカの先制点は、まさしくこの指示通りの形から生まれたものだった。ディフェンダーのロングボールは忠実に日本陣内の左サイドに蹴りこまれ、ゲイルがヘディングで競り勝つと、アルゼンチン戦、クロアチア戦と堅守を誇ってきた日本の守りはあっさりと崩れた。

岡田監督は、この失点を「ジャマイカの高い運動能力によるもの」と分析していたが、それは違う。クロスボールがただやみくもに蹴られたものであれば、得点は生まれなかった。運動能力プラス「手薄になった日本の左サイドを狙え」という指示があったからこそ、ウィットモアのゴールは生まれたのである。2点目のゴールにしても、ウィットモアは相馬のサイドに流れていたことを忘れてはならない。

もちろん、これは相馬の責任ではない。彼の攻撃力が必要とされた以上、ある程度のリスクを負わなければならないのは当然のことであり、実際、今後永遠に語り継がれていくであろう中山のワールドカップ初ゴールは、相馬のセンタリングが呂比須の頭にピタリと合ったところから生まれている。あえて批判をするとすれば、攻撃に関して言えば本来はわき役であるはずのサイドバックに、まるでゲームメーカーのように多くのことを望んでしまったシステム、加茂前監督時代から続いてきたシステムに問題があったということだろう。

結局、力が足りなかったのだ。

誤解していただきたくないのだが、私は、岡田監督のように「世界の壁は厚かった」と感じているのではない。個人的に思っていた通り、いや、それ以上に、世界の壁は薄かった。存在はしていたものの、決して越えられない高さではなかった。しかし、日本は壁を乗り越えようとする努力を何も、本当に何もしてこなかった。ゆえに力が及ばなかった。ジャマイカにすら、及ばなかった。

率直なところ、いま、私は岡田監督に対しての怒りをまったくといっていいほど失ってしまっている。彼は精一杯やった。ワールドカップで指揮を執ったことで、それなりに成長した姿も見せてくれた。選手たちに対する怒りもない。「すべて僕の責任です」とのコメントを残して引きあげた城、骨折した右足を引きずってプレーした中山に、「お前たちが点を取らないから負けた」とはとても言えない。もはや、全身の血が凍りつくような怒りの矛先は、違う方向に向けられている。

日本サッカー協会に対して、である。

2002年のために——。

今回のワールドカップについて語られる時、ふた言目には出てきたのがこの言葉だった。経験のない岡田監督に指揮を任せるのは2002年のためであり、フランスでは勝ち負け云々よりも2002年のために何らかの収穫を得る方が重要だとされた。いつの間にか、フランス・ワールドカップは2002年のためのプレ大会のような位置づけに追いやられ、最後にはすべての批判に対する免罪符のようにして使われるようになった。アウェーでの経験を積ませようとしなかったのも、攻撃に関するアイデアを持っている外国人コーチを招聘《しょうへい》しなかったのも、ことごとく「2002年のために」とのスローガンとともに片づけられた。

フランスでの日本代表は、2002年につながる何かを手にしただろうか。

日本サッカー協会は、ワールドカップに参加するだけで、何らかの収穫を得ることができると考えていたフシがある。勝てなくても、3試合指揮を執れば岡田監督は名監督に成長し、選手たちは世界と戦えるようになるとタカをくっていたフシがある。

岡田監督は名監督になっただろうか。

日本人の世界に対するコンプレックスは払拭されただろうか。

「なった、払拭された」と答える方が大多数だというのであれば、私は何も言わない。日本サッカー協会は正しかった、フランス・ワールドカップを半ば犠牲にしてまで、2002年のために備えたのは正しかったということになる。

だが、どれほど楽観主義に徹しようとしても、私にはどうしても、フランスでの日本代表が何かをつかんだとは思えないのだ。

私はこの原稿をジャマイカ戦の終了直後に書いているのだが、おそらくは明日、岡田監督は辞意を明らかにする。記者会見での表情からすると、彼の決意は変わりそうもないし、そうなれば、日本サッカー協会がうたっていた「2002年のために」という目的の一つが早くも潰《つい》えることになる。

世界に対するコンプレックスに関しても、悲観的にならざるをえない。今回、日本はただの1ポイントすら勝ち点を獲得することができなかった。そんな選手たちが、4年後に決勝トーナメント進出以上の成績を狙って戦えるとは到底思えない。2度目のワールドカップとなる地元大会は、またしてもメディアによって1勝が〝悲願〟に祭りあげられる大会になるだろうし、この何とも卑小な目標をクリアしただけで、選手の中には満足を覚えてしまう者が出てくることも考えられる。悲観を通り越して自虐的になれば、まだ勝ち点すらあげたことのない日本と対戦する相手が、少々こちらをナメてくれるかもしれないと考えることもできるが……。

なぜこんなことになってしまったのだろう。

岡田監督は「すべての責任は私にある」と言った。だが、おそらくは彼自身も気づいているように、これは真実ではない。そして、すべてではないとはいえ責任の一端を負う岡田監督が辞意を固めつつある以上（翌日、岡田監督は辞意を表明した）、同じように責任を持つ人々がそのまま居すわるのは、どう考えても間違っている。

彼らは、岡田監督の経験不足を知りながら、経験を積ませるためのテストマッチ、特にアウェーでのテストマッチを組もうとはしなかった。結果、岡田監督は監督に必要な臨機応変な対応能力を身につけることができず、日本は先制されると何もできないチームとしてフランス・ワールドカップを戦わなければならなかった。

私は、協会の長たる人物の解任を要求する。「強化委員会」を名乗りながら、効果的な強化を図ろうとしなかったグループの抜本的な見直しを要求する。日本は、長いワールドカップの歴史上でも極めて稀な、勝ち点1すらあげたことのないままワールドカップを開催する国になってしまった。このままでは、ワールドカップの歴史上初めて、決勝トーナメント進出を果たせない開催国となってしまうのは目に見えている。

皮肉なことだが、もし私の願いがかなったとしたら、それはフランス・ワールドカップに於ける日本の唯一の収穫ということになるかもしれない。ようやく、〝腐ったみかん〟が取り去られることになるのだから――。

（金子達仁）

1998 FIFA World Cup France

GROUP H

1998年6月26日 リヨン スタッド・ドゥ・ジェルラン

ともに初出場、未勝利のチーム同士の対戦。立ち上がりは日本が主導権を握ったものの、39分、54分とウィットモアに連続ゴールを許す。74分、待望のW杯初ゴールを中山が決めるが、その後も決定力を欠いて追いつけないまま試合終了。3戦全敗、グループH最下位という厳しい現実を突きつけられ、日本は初めてのW杯の舞台から去ることになった。

日本 1 [0-1 / 1-1] 2 ジャマイカ

日本			ジャマイカ
20 川口能活	GK	GK	ローレンス 13
4 井原正巳			グディソン 5
5 小村徳男		DF	シンクレア 19
(59分 22 平野孝)	DF		ロー 17
17 秋田豊			マルコム 2
2 名良橋晃			ドウズ 3
3 相馬直樹			シンプソン 6
6 山口素弘		MF	(90分 アール 16)
8 中田英寿	MF		ウィットモア 11
10 名波浩			ガーディナー 15
(79分 11 小野伸二)			ゲイル 8
9 中山雅史			(80分 バートン 18)
18 城彰二	FW	FW	ホール 22
(59分 12 呂比須ワグナー)			(72分 ボイド 10)
岡田武史	監督	監督	レネ・シモンエス
中山雅史(74分)	得点	得点	ウィットモア(39分、54分)
■山口素弘	警告	警告	マルコム■ ドウズ■

17 Yutaka Akita

秋田豊

「確かな自信」

おそらくは今から5年前、秋田豊は今回のフランス・ワールドカップに参加した日本人選手22人の中で、世界を最も遠い存在と感じていた男だったはずである。

5年前の秋田豊は、さしたる注目もされないままに地方の大学を卒業した、まったく無名のディフェンダーだった。ヘディングの競り合いにだけは無類の強さを発揮したもののフィードはお話にならないぐらいお粗末で、不要な反則もまた多かった。

本大会の1カ月ほど前、私は冗談まじりに聞いたことがある。

「その頃、5年後のキミは、ワールドカップに出場する日本代表のディフェンダーとしてプレーしているんだよって言われたら、どう感じたと思う?」

彼は笑いを交えながら答えた。

「他の人がそれを聞いてたら、笑ったでしょうね。たぶん、僕も信じなかったと思います」

しかし彼は、本人ですら信じられなかった夢の舞台に立った。ただ立っただけでなく、素晴らしいパフォーマンスも披露した。

「ワールドカップでは大丈夫ですかとか心配されるんですけど、僕はJリーグでエムボマやピクシーを止めてる。大丈夫ですよ」

5年前、日本代表すら現実のものとして捉えることのできなかった男は、'98年5月、何のてらいもなく世界大会での自信を口にできる男に成長していた。そして、成長する上での糧となったのは自信だった。ジーコから「お前たちはできるんだ」と言い聞かされたこと、強く勝利を求めるサポーターたちの前で戦い、そこで結果を出してきた自信が、不器用なディフェンダーをそこまで成長させたのである。鹿島での5年間が、彼をワールドカップに対して何のコンプレックスも持たない男に変えたのだった。

「やはり、世界の壁は厚かった」

クロアチア戦の後、岡田監督は言った。やはりとつけてしまうところに、私は彼の自信の欠如を見た気がした。秋田豊はその言葉を聞いてどう感じたのか、とも思った。

（金子達仁）

19 Eisuke Nakanishi

中西永輔

「恐くはなかった」

後半45分、アルゼンチンの2人のDFをするりとかわしたボディ・バランスに、ヨーロッパのサッカージャーナリストたちは感嘆の声をあげた。クロアチアのサポーターは、タフな当たりに怯《ひる》むことのない小柄な選手を「サムライ」と呼んだ。中西永輔は、フランスの地で、確かにその存在を示していた。

四日市中央工業高校からジェフ市原に入団した中西は、ボールに対する集中力と運動量を評価され、アトランタ五輪代表候補にも選出された。しかし、やがて中西のプレーは、チームの中で空回りし、勝利への貢献は他の選手に譲ることが多くなった。五輪代表監督の西野朗は、守備にむらがある中西を戦力外と考え、最終的に彼をチームから外した。この時から、中西の戦いが始まった。

自分の持つ力を振り絞るようにして練習に邁進《まいしん》し、チームの一員であるためのプレーに挑んだ。代表入りのニュースが届いたのは昨年の8月だった。中村忠の代役としてA

代表入りした彼は、サブ要員でしかなかったが、ワールドカップ直前、その類い希《まれ》な身体能力が遂に活かされることになる。

「御殿場の合宿では、ずっとBチームで悔しかった。でも、キリンカップのチェコ戦（5月24日）と6月3日のユーゴスラビア戦でチャンスを貰えて、やってやろう、という気持ちになった。当たっても負けないという実感も持てました」

ユーゴスラビアとのテストマッチ。中西は、大胆かつ力強い相手FWの切り返しに必死で追いすがり、自陣を守った。ラストチャンスでレギュラーの座を手中にした彼は、アトランタ五輪の雪辱を果たしたのだった。

臆することなくアルゼンチンとクロアチアに立ち向かったワールドカップは、2枚のイエローカードとともに終わってしまった。

「恐くはなかった。自信を持ってプレーできた。勝てなかったのが悔しい」

彼が体感した世界のサッカーは、4年後も活かされるはずである。

（小松成美）

6 Motohiro Yamaguchi

山口素弘

「突きつけられた課題」

日本がナントに散ったその瞬間、山口素弘は呆然と立ち尽くしていた。いや、ショックのあまり動けなかったというべきだろうか。両手を腰にあて、天を仰ぎ、そしてガックリと首をうな垂れた。その姿からは、ただひたすら絶望感だけが漂っていた。

その敗戦から数日後、山口はこちらが拍子抜けするほどスッキリとした面持ちでいた。

「アルゼンチン戦はそこそこやれたと思う。でも、奴らはラストパスの寄せが早かったり、絶対にゴールを割らせない自信を持っていたね。クロアチアも暑さや俺たちの気持ち、それを理解してプレーしていた。そういうゲーム運びの違いを見せつけてくれた。どっちもボールは持たせてくれるし、回させてくれる。でも、最後は絶対に抑えられる。こちらの思い通りにはやらせてくれなかったね」

大会前、山口は、勝てるチャンスはある、あとは勇気を持って戦えば結果はついてくるはずだ、と言っていたのだが……。

「いろんなことを考え直さないといけない。クロアチアは3人で攻めて、その時DFは休むとか楽にサッカーしていた。でも、日本はみんなでワッショイって前に行ってボールを奪われて戻ってくるでしょ、余裕がないよね。もうシステムとか2トップとか型にはめている場合じゃないよ。1・5列目の選手とか足の速い選手とか、そういう必要な選手を見つけて育てていかないと2002年も……」

2002年も同じ過ちを繰り返すかもしれない、と山口は言いたかったに違いない。

——では、世界に通用するには何が必要？

「経験の積み重ね。日本もここまで来るのにトントン拍子で来たわけじゃない。失敗を重ねてきたわけでしょ。選手、監督を含めて、もっと経験を積まないとダメだね」

勇気を持って戦うことはできた。あとは技術を磨き、戦いの経験を積んでいけば……。

「世界と互角に戦える時がくるでしょう」

（佐藤俊）

10 Hiroshi Nanami

名波浩

「経験の差が出た」

「組織としてどのくらい戦えるか、どのくらい差があるか、それを見てみたい。それに攻撃のイマジネーションが世界レベルで通用するかしないかを試してみたい」

W杯大会前、名波浩はそう言った。それはチームの完成度を世界の中で推し量るのと同時に自分の力量を世界に問うものである。

その審判の日を名波は、楽しみにしていた。

アルゼンチン戦。名波は、オルテガを気にしていた。山口が前に出ろ、というような仕草を見せたが前線に絡む回数は激減。いつもの攻撃的姿勢を失ったままゲームは終わった。

「アルゼンチンは研究していた通りだったし、世界のトップチームはこんなものかって思った。でも、攻守のバランスは90分間決して崩れなかったし、ペナルティ内の堅さはやっぱり世界だなっていう強さを感じたね」

やれないことはないが、やらされている感じが強いと名波は言った。それが経験の差であり、強豪と言われるチームの余裕だった。

そして、クロアチア戦。組織的には互角以上に戦えたが、個人能力の差は歴然だった。日本は全員で攻め、全員で動き、中盤からサイドにいい形で展開するのにセンタリングが上がらない。シュートで終われない。相手はラクに簡単にゴール前に行くのに……。自らの肉体を2・5kgも消耗させて実感したのは、厳然たる世界との実力差だった。

「もう経験の差。それしかない。大舞台をいかに多く踏んでいるか、その経験が最後に出たね。アルゼンチンやクロアチアはその経験が豊富だし、1点の重みを知っている。だから、1点取っただけであんなに喜ぶんだと思う。でも、悔しいね。点取れなきゃ勝てないからしょうがないんだけど。でも、そこを取れるか取れないかが世界との差なんだろうね」

予選敗退が決まった後、ファミコンじゃ勝てたんだけど、と名波は苦笑した。その表情は、ゲームと現実のギャップの大きさを物語っているようで、どこか寂しげだった。

（佐藤俊）

3 Naoki Soma

相馬直樹

「強豪相手に手応え」

相馬が目立っていた。特にクロアチア戦では、左サイドからの突破を何度も見せた。チャンスと思えば、得点も積極的に狙った。この試合では合計3本のシュートを放つ。チーム最多の城の4本に次ぐ本数だった。

ただ相馬の持ち味は、攻守のバランスがとれたプレーだ。それもどちらかと言えば、守りに比重を置くプレーが多い。クロアチア戦を前にして、語っていた。

「次の試合では一対一の局面が増えると思いますよ。ウィングというのは相手の先手をとって、こっちのリズムでやらないといけない。ただ、それで守りがおろそかになって、相手にウラをとられないようにしないと」

それが実際の試合では「自分の前が空いていたので」ガンガン上がって攻めたわけだ。また、この試合では日本が先に得点して優位に立ちたかった。日本の2トップの中山は右ヒザに故障を抱え、プレー時間は45分が限界。城は精神的な影響もあってか、極端に調子を落としていた。そんなこともあって、相馬も積極的にシュートを放った。だが得意の左45度からのシュートも決まらなかった。そして、1次リーグ突破は達成できなかった。

しかし、得たものもある。

「アルゼンチン戦ではミスもあったけど（世界的な強豪と真剣勝負で戦って）、組織で守れて、相手の好きにはさせなかった。たしかに日本はシュートは撃てるけど、ペナルティエリア内で形を作ることができなかった。でも相手にも形を作らせなかったでしょう。あのアルゼンチンを相手に、ある程度は互角に戦えたと思っています」

相馬はいつも言葉を慎重に選びながらコメントする。また個人の成果よりも、チームの勝敗にこだわる。だが、W杯という真剣勝負の場で、日本代表の左サイドとして手応えはあったはずだ。むろん、口にこそしないが、そう思っていると踏んでいる。

（平野史）

2 Akira Narahashi

名良橋晃

「普段と同じ気持ちで」

「空走りが僕の持ち味ですから」

冗談とも本気とも、どちらにでもとれるような顔で、そう言う。

W杯に臨む日本のキーポイントは、ウィングのタテへの攻め上がりだった。サイドから崩す。それができるか否か。しかし、実際のゲームでは、名良橋がタテへ上がってもパスが出てこないことのほうが多かった。

「左サイドは名波がいて（相馬とコンビを組んでいるので）形が作りやすい。でも、例えばクロアチア戦では、右サイドはヒデが中で形を作らないといけない状況だった。で、こっちにボールが出てこなかったんです」

それでも対面の選手と駆け引きをしながらウラを突き合い、いつ出てくるのか定かではないパスを期待して走るのが役目。なかなかボールが回ってこないからといって、ふて腐れるようではウィングは務まらない。ボールのないところで地道な仕事をするのが基本なのである。

そんな名良橋のW杯の感想はといえば。

「W杯に合わせてトレーニングを積んできたから、普段の試合と同じような気持ちで臨むことができましたね」

しかし、クロアチア戦ではテーピングずれができた。足もとにずっと違和感があり、満足のいくプレーはできなかった。そしてなによりも、試合に勝てなかったことが引っかかっている。

「その理由の一つは、大勢のサポーターの人たちが高いお金を払って、ここまで来てくれていること。その人たちには、少しでも良い思いをしてもらって帰って欲しい。だから最後のジャマイカ戦は、なんとか勝ちたかったんですが……」

（平野史）

18 エースの胸中
Shoji Jo

Number448号（1998年7月16日号）掲載

城彰二

「最高の体験をしてきた」

エースストライカーとして期待されながら、3試合を通じてついにゴールはならなかった。“戦犯”と名指しされ、激しい批判を浴びた男は、どんな思いでフランスでの日々を過ごしたのか。知られざる胸の内が、ここに明かされる。

長かったよ、と城彰二は言った。

オーストラリア合宿、韓日戦、キリンカップ、スイス合宿等々。W杯のために費やした日数は2カ月以上にものぼる。その過程で城が経験したものは確かに大きかった。しかし、W杯という巨大な舞台の中では、すべての経験が一気に霧散した。

そして、震えるように感じたという。

W杯は、日本サッカーを変える革命の始まりになる、と……。


6月10日、W杯開幕戦ブラジル対スコットランドを観ながら、城は「ようやく始まったんだぁ」とひとり感慨に耽《ふけ》っていた。5月27日にスイスに入り、メキシコ戦、メンバー発表、ユーゴスラビア戦、そして地元クラブとの最終調整試合。短期間ではあったが、あまりにも長く感じた開幕までの日々だった。

「開幕戦までは長かった。テレビで見てようやくあと4日かって思ったくらいだった。それまでの間にいろいろあったからね。やはり22人のメンバー発表は衝撃的だったよ。カズさんとキーちゃん（北澤）が外れたけど、そんな雰囲気は感じていた。試合に出る選手、出ない選手で分かるからね。ただ、実際カズさんが抜けるというのを聞いた時は驚いたよ。でも、それに過剰に反応したり、ショックを受けたりすることはなかった。勝負の世界だし、プロの世界だからね。監督は勝つために戦術に合う選手を選んだだけなんだから。カズさんが外れたことに過剰に反応しているのはマスコミだけだよ」

いつもマスコミはそうなんだよな、話を大げさにするんだよ、と城は苦笑した。そういうマスコミがいるからオチオチ散歩もできないんだ、と。そういう類のストレスを感じているのは城だけではなかった。アルゼンチン戦の5日ほど前、チーム内にはイライラしたムードが流れ、雰囲気は悪化の一途を辿っていたという。

「そりゃ鬱憤《うっぷん》もストレスも溜まるって。ずっと長い間合宿やって、いつも同じメンバーでさ。しかも、海外だから迂闊《うかつ》に外に遊びに行けないでしょ。自分のリズムとかもあるわけじゃない。それを制限されて、みんなと一緒に動いていくわけだから、それが続けばイヤになるのは当然だよ。それが人間だと思うよ。サッカー選手だって人間なんだから、ただサッカーやっていればいいってもんじゃないんだからね。でも、思ったのは、それも海外遠征を事前にたくさんやっていれば解消されると思うんだよね。日本はホームの試合ばっかりだからさ、そういう経験がないから対処する術を知らないんだよ。そういうことを勉強して精神的にタフにならないと、戦う前に自分たちに負けてしまう」

チーム崩壊……。そんな大げさなことも考えなくはなかったが、チームはアルゼンチン戦を前に徐々に冷静さを取り戻していった。

そして、アルゼンチン戦開始直前。

城はこれがW杯なのか、という何か得体の知れない妙な興奮を覚えていた。

「入場した時も特に緊張しなかった。でも、五輪の時とはまったく違う雰囲気があった。未知の世界っていうのかな。何がすごいかっていうのは分からないけど、間違いなく過去の大会以上に異様な雰囲気を感じたね」

その数分後、日本のキックオフで日本のW杯の歴史がスタートした。そして、スタート直後、城は感じていた。前に来ないということを。

「あいつら出て来なかったね。アルゼンチンが出て来ない。前に来ないと思ったけど、中盤でボールを持てたせいで落ち着いてゲームに集中できた。でも、馴染んでくると最初は分からなかった凄さが徐々に見えてくるんだよね。例えばパスやセンタリング。シュート並みのボールが飛んできて、それを点で合わすことができるでしょ。身体の入れ方、ポジションの取り方も巧みだしね。でも、時間を追うごとに絶望的になったのは身体の差。フィジカルが異常に強い。当たりもそうだけど、1対1で抜いたなって思った瞬間に手をつかまれるだけでグッと引き戻されるからね。そういう身近でしか理解できない世界のプレーを肌で感じるうちに、点取るのはかなりシンドい作業になると思った」

プレーの正確さ、パワーは実に残酷だった。普通にプレーしているだけで、その凄さを目の前に突きつけられるのである。そして、前半28分。日本は先制点を許してしまう。

「正直に言うと、俺は守り切れないと思っていた。どこかで失点すると思っていた。でも予想より失点の時間が早かったね。最終的に拮抗した戦いができたことには満足している。俺と中山さんのコンビだって悪くなかった。あの人が前に走って、俺がポストになる。役割は決まっていたし、実際そういう動きはできたと思う。でも、そこでより正確性と確実性を増していくには、奴らと対等に戦えるだけの肉体がないとどうしようもない。これは戦っている時にイヤっていうほどわからされた。これは理屈じゃないよ。攻撃にしても中盤でボールを持てても、それは支配しているわけじゃないからね。回させてくれているだけ。そこからどうやってフィニッシュに持っていくかが重要なんだからさ。それから、やはり強烈なプレッシャーを感じたね。俺だけじゃなくて、みんなも感じていたと思うよ。楽しもうぜっていうよりも勝たないといけない、というのを意識していた。でも、それはよく考えたらおかしいことなんだよ。W杯前、簡単に勝てるわけがない、W杯は甘くないって自分で言っていたのにさ。何か楽観的な空気に乗せられて自分を見失っていたね。その結果が0―1という敗戦だったと思う」

敗戦の結果は、チームにある根本的な問題を示唆した。攻撃のイメージはある。中盤でボールを持ち、サイドに展開する。そこまではW杯出場国の中でもトップクラスの美しさを醸し出していた。問題は、その先だった。いくらサイドにボールが回ってもセンタリングが上がらなければ、シュートにも持ち込めない。サイドアタックは日本の攻撃の生命線だったが絵に描いた餅になりつつあった。

「アルゼンチン戦後、練習はサイドからのセンタリング&シュートの練習、それにセットプレーの練習が多かったね。それに次の試合に向けて身体の疲れを取ることも重要だった。クロアチアはアルゼンチンとまったく異質のチームだから、戦い方も変えるかなって思っていた。休みの間、冷静になってアルゼンチンとの試合を見ていたんだ。バティとか仕事をさぼっている時間が圧倒的に多いんだ。結果的に名波君の足に当たってゴールを決めたけど、そのシュートもチョンと蹴ってワンバウンドさせているんだよね。そういう小さなことだけど上手さを感じたね。クロアチア戦前日？　みんな燃えていたよ。絶対に勝つぞという意識はあったし。でも初戦のようなプレッシャーはなかった。あとは本当に、戦うだけって感じだった」

クロアチア戦、ゲームは日本の思うような展開で進行していく。中盤を支配し、前半を耐えて、後半勝負。しかし、それができていたことが一瞬の油断につながった。組織の綻《ほころ》びを個人技で一気に突き破られたのである。

「点取られた時は、ちょっとガクッときた。その前に岡野君が入ってちょっとバランスが崩れていたんだよね。俺たちは組織力で戦うしかないから、誰かが疲れてどこかが崩れたら失点してしまうんだよ。モリシ（森島）が入ってきてもペースは同じだったね。どう相手は引いてスペースはなかったし、それで最後はロペ（呂比須）を入れたでしょ。どうすんのかなって思ったよ。あんなの練習じゃやったことなかったから。だから、俺は自分で判断して中盤に下がってバランス取るしかなかった。ロペのヘディングシュートも俺が中盤に下がってヒデ（中田）にパス出して、それを中に入れてチャンスになったでしょ。みんな前ばっかり意識して、ドンドン行ってもあんなでかいDF相手に点取れるわけないじゃない。クロアチアは50％の力で、しかも個人の能力で点が取れる。スーケルの得点だって、たった3人で攻めてピンポイントパスでズドンでしょ。でも、日本が得点するには100％すべてがピタッて合わないとムリ。そういう意味じゃ最後まで点取れる気がしなかったし、個人の能力の差をアルゼンチン戦以上に痛感させられた」

日本の攻撃陣は、その後もゴールにかすりもせず、0—1のまま終戦を迎えた。城は誰だか名前さえ忘れてしまった選手とユニフォームの交換をして、ロッカーに引き上げた。そして、アルゼンチン戦に続いてドーピングの検査を受けるためにロッカーにとどまった。すべてを終え、ホテルに帰り、食堂に行くと岡田監督が食事中だった。お互いに声をかけることもなかったが、城は自然と岡田監督の近くに座った。

「みんな食事を終えて部屋に戻っていたので、岡田さんしかいなかったんだ。で、メシ食べながら話をした。岡田さんからは、『みんなにはもう言ったけど、0・1％の可能性があったら最後まで諦めないようにやるが、今回はまったくなくなった。でも、残りの1試合はW杯という最高の舞台での最後の1試合になるんだから、2002年に主役になる選手たちのためには勝たないといけない。諦めずに最後までがんばって、おまえが引っ張っていってくれ』って言われた。岡田さんのことをいろいろ言う人がたくさんいたけど、俺は、監督経験がなくて自分を犠牲にしながらよくここまでやったと思ったね。岡田さん、自分でも言っていた。叩かれるのはいい、それで日本のサッカーが変われば、ってね。革命を起こすには、どっかで誰かが犠牲になるしかないんだよ。でも、日本って犠牲になるのはイヤで、みんないい子でいたいわけでしょ。批判する立場でいたいわけでしょ。でも、岡田さんは自らやった。監督だけに責任を押しつけてダメだって言っていたら何も進歩しないよ。選手も何を書かれても、叩かれてもいいっていう意気込みでやらないと日本のサッカーは変わらないと思うよ」

若い世代が成長したら、日本はもっと強くなる

翌日の新聞の見出しは、想像通りだった。マスコミはA級戦犯に怠慢なプレーをしたとして城の名前を挙げ、予選敗退は岡田采配のミスで予想外という論評が並べられた。

「もちろん勝てなかったのは悔しいよ。結果が出なかったことはプロ選手として責任を感じているし、反省もしている。あんな場面でオーバーヘッド打つかって言われたけど、あの場面でトラップしたら詰められていたからね。それをかわせる技術があればいいけど、自分にはないからさ。だから思い切って打った。これを外して、新聞に叩かれるのはしょうがないと思う。でも、自分に対する批判を現役の選手から言われたくないね」

城は、キッパリそう言った。そして、どうしてそういうことを言えるのかなぁと不思議そうな表情をした。選手ならお互いの気持ちが多少は分かるはずなのに、なぜ？

一方で、試合に出られない選手の気持ちをレギュラーの選手が思いやることの難しさも、城は感じている。天才、30年にひとりの逸材と言われ弱冠18歳で最終メンバーに残った小野は、明らかに不満の表情を隠せないでいた。

「伸二とは、よく一緒に散歩とかしたけど、やはり試合に出られないのは悔しいみたい。でも、それは自分で勝ち取ってこれなかったんだからしょうがない。こないだも『大変なんだよ、代表でやっていくのは。俺だって今のポジション取るのに5年もかかったんだから、そんなに簡単なもんじゃないよ』って言ったんだ。伸二は、まだ分からないと思うけど。これをバネにがんばればいいんだからさ」

小野ら若い世代が台頭し、成長してきたら日本はもっと強くなるよ、と城は言った。そのためにも、ジャマイカ戦には絶対勝って、勝利を添えてW杯を終わりたい、と。

「今日こそはという気持ちがあったね。絶対にゴールを決めて勝ちたいって。だから動きも真ん中にいて、受けて叩《はた》いてゴール前に行くというのを頭に入れていた。監督にも言われていたし、ヒデともそう話していたからね。俺がポストやってキープして前を向いた瞬間にスルーパスを出すとか、ヒデがドリブルしてきたらワンツーで突破するとかね。でも、なかなかできなかった。シュートも最初、ヒデからのクロスをボレーで打った時は調子もいいし、点取れるかなって思っていた。でも、俺もみんなもシュートを外しまくって、前半38分の決定的なシュートを外した時は、しまったと思ったよ。それで逆に先制点取られたでしょ。日本が先に点取れば展開は変わっていたんだけどね」

　前半をかろうじて0―1で終えたが、チーム内にはイライラした雰囲気が漂っていた。そして、気分一新して点取りに行こうとみんなで円陣を組んだ時、中田が城の頭をポンポンと叩いてきた。

「シュートもっと打たんか」

　中田が笑って言ってくれたことで、城の気持ちは随分ラクになった。

「絶対に同点にしたかったから飛ばしたけど、先に2点目を取られてがっくりしたね。その後すぐかな。決定的チャンスを自分のシュートミスで潰《つぶ》してしまった。焦ったわけじゃないけど全然足に当たらなかった。当たったら真っすぐ飛んで右スミに決まっていたんだよ。でも、インサイドに当たって左に流れてしまった。情けなくて自分に腹が立ったね。で、すぐに交代した。あれだけ外したら交代でしょ。弁解の余地はないよ。ロペがアップしている時から交代は俺だなって思ってたからね。その後、中山さんが決めて1点差になったでしょ。まだ、15分あったからいけるかなって思ったんだけどね」

　誰でもいいから決めてくれ。城は、ベンチでそう祈りながら見ていた。しかし、結局1―2のまま、城の祈りは通じなかった。

試合終了後、両足に氷を巻いたまま、サポーターに挨拶に行った。多くのサポーターがフランスに応援しに来てくれたのに、結果を出せなかった。そう思うと〝申し訳ない〟と何度も心の中で呟《つぶや》いた。

「サポーターに挨拶して、ロッカーに帰ったら、岡田監督が『ごくろうさん。負けたけど精一杯戦ったんだからしょうがない。みんな次につなげるようにがんばってくれ』という話をした。なんか、みんな、しんみりして聞いていたよ。やっぱり予選から苦しい試合を戦ってきたチームだし、それが最後ってことになると寂しかった」

3戦して3敗。勝ち点0。現実の結果は、まったく厳しいものだった。しかし、これが現在の日本の実力だったのである。

「3連敗は予想しなかったけど、すべてが自分のためになった。ドイツやオランダのゲームも見たけど、すごいよ。身体はでかいし、強いし、パスのボールスピードやセンタリングの精度もケタ違いだよね。俺たちがよくパススピードを上げろって練習中に言われるけど、それは意識してやらないとできないでしょ。その差は大きいね。俺たちが100本打って数本しか決まらないようなすごいシュートをバンバン打っている。俺たちも、練習でもJリーグでも、そういう質のボールを出していかないと世界に通用しないよ。大会では予選突破できなかったけど、良い点も悪い点もすべて出たからね。それが日本のサッカーを変革するための知恵になればいい。俺も新たな目標ができたしね。2

002年に照準を合わせて、そのためにも海外の選手に負けない身体作りをしっかりやらないといけない。そして、またこの舞台に戻ってきたいね」

視聴率67％を越えた20世紀最大のエンターテインメントを演出した選手たちは、帰国後、日本中の興味の対象になるだろう。しかし、城への風当たりだけは強いものになるはずだ。それでも城は、いいと言う。それで日本のサッカーが変わればいい、と……。

「そのためには、自分もうまくならないといけない。だからさ、2部でも3部でもいいから、海外に行ってプレーしたいんだ」

——これからが再スタートだね。

「そう。休んでなんかいられない。世界のサッカーは待ってくれないんだ。練習だよ」

——でも帰国したら大変だよ、きっと。

「まぁ、結果出していないんだから、何を言われてもしょうがないよ。でも、俺、帰国してすぐに言いたいセリフがあるんだ」

——とんでもないこと言うなよ。

するとと城は、コッソリ教えてくれた。

「W杯で最高の体験をしてきました」

そう胸を張って言い切ると決めている。

（佐藤俊）

守護神の独白

20 Yoshikatsu Kawaguchi

Number PLUS「フランス'98 ビジュアル完全保存版」(1998年8月) 掲載

川口能活

「この悔しさはエネルギーにもなる」

アトランタ五輪でブラジルを制した自信を胸に、
22歳の若き守護神はフランスの地へ赴いた。
しかし、突きつけられたのは厳しい現実。
大会を終え、帰国したばかりの川口の胸中に、
気鋭のスポーツライターが迫った。

初めて横浜マリノスの選手寮に足を踏み入れたのは、今からおよそ2年前、１９９６年の8月3日だった。確か、時刻は夜の7時過ぎだったと思う。あたりにはすでに夕闇が立ち込めているというのに、寮の周りには決して少なくはない数の女性ファンがなにがしかの包みを抱えて佇《たたず》んでおり、寮の玄関を開けて入っていこうとした私に、訝《いぶか》しげな視線を向けてきた記憶がある。

私が会いにいった男と、彼女たちが当てもなく待っていた男は、たぶん、同一人物だった。

数時間後、私がインタビューを終えて寮から出て来た時も、まだ彼女たちは待っていた。しばらくすると、玄関の前にタクシーが到着し、マリノスのマネジャーに付き添われた男が急ぎ足で乗り込んだ。暗闇の中から一斉に嬌声《きょうせい》が上がり、目の痛くなるような光が断続的に車内を照らしだした。思いもよらぬ幸運にめぐり合ったことで、彼女たちの抑えていた激情が一気に噴出した——そんな感じの光景だった。

興奮していたのは、私も同じだった。

瞼《まぶた》に残ったフラッシュの残像が消えてしばらくしても、脳の奥深くにある目眩《めまい》のような感覚は消えなかった。ありえるはずのない奇跡を目の当たりにしてしまったような、途方もない充足感と虚脱感が全身を包んでいた。

「そうかあ、あれからもう2年ですか……。なんだか、あっという間ですね」

2年後の夏、あの時と同じ寮の応接室に姿を現わした彼は、感慨深げにつぶやいた。

「でも、お互いにずいぶん変わりましたよね。あの時は、まさか自分が本当に日本代表になって、ワールドカップに出場することになるとは思ってもなかったし。金子さんだって、ねえ」

そう、私も変わった。正確に言えば、私を取り巻く環境が激変した。そして、変わるきっかけを作ってくれたのは、彼だった。

「ま、大人になりましたよ、俺も。もう叫んだりはしませんから。ハハ」

2年前、私に転機をもたらすことになるインタビュー記事『叫び』の主人公になってくれた男は、そう言って悪戯《いたずら》っぽく笑った。窓からは、明るい午後の光が差し込んでいた。


——笑顔でプレーする。味方にミスがあっても取り乱さないで、笑顔で励ましながらプレーする。それが大会前の目標の一つだったよね。実際、アルゼンチン戦でバティストゥータにやられた時も、笑顔でディフェンダーたちに声をかけてた。あれは、自分に言い聞かせてやったことだったんだろうか。

「いや、意識しないうちに出てたんですよ。何て言うんだろうな、全然ショックな1点じゃなかった。仮にね、アトランタでのブラジル戦みたいな内容で1点を取られたとしたら、さすがに笑ってなんかいられなかったと思うんです。ほら、あの展開じゃ絶対に追いつけっこないでしょ。だけど、アルゼンチン戦の時は違った。相手が流しながらプレーしてたこともあって、1点が軽いっていうか、これはまだまだ大丈夫だなって思えたから」

――でも、追いつけなかった。

「……試合が終わって、ゴールネットのとこにかけてあるタオルを取りにいった時に、ジワッときましたね。こんなアルゼンチンにも勝てないのかよって。本気でやったらとんでもなく強いってのはわかってますけど、あの日のアルゼンチンは、本当によくなかった。なのに勝てないのかって」

――勝つつもりだったんだ。

「爆弾を落としてやろうって思ってたんです。世界中がひっくり返るような大爆弾を。あの時点で、ワールドカップは番狂わせが起きてなかったでしょ。だけど、番狂わせが起きないワールドカップなんてない。だから、日本がその一発目になってやろうって」

――自信の裏づけは何だったんだろう。

「う〜ん、やっぱりアトランタでの経験ですかね。あそこで、ブラジルに勝ったっていうこと。もし、善戦したけど負けたっていうんだったら、アルゼンチンとやるってことになっても本気で勝てるとは信じられなかったかもしれない。あとは、大会直前のテストマッチの内容が良かったせいもあるかな」

――それはスイスに入ってからの？

「そう。メキシコ戦とユーゴ戦」

――結果は負けだけど。

「うん。だけどほら、メキシコとはアトランタの直前にもテストマッチやってるじゃないですか。あの時、俺ら一方的に攻められまくって、チームに亀裂が入るきっかけにもなっちゃったわけでしょ。それが今回のメキシコ戦は、結果こそ1―2だったけど、内容では完全に日本の方が上だったんですよ。で、ユーゴ戦では攻撃の方も少しずつ機能するようになってきた。ちょっと心配だった永輔（中西）も最終ラインにフィットしてくれた」

――中西のことは心配だったの？

「彼個人の能力がどうこうっていうんじゃないですよ。ほら、ディフェンスって全体の呼吸が大切じゃないですか。キリンカップのあたりから、井原さんと秋ちゃん（秋田）との連携はすごくうまくいくようになってたんで、そっちの方は心配してなかったんです。だけど、永輔は代表で真ん中のポジションをやったことがなかったし、しかも、やるようになったのが大会の直前でしょ。間に合うかなっていうのがちょっと不安で」

――それが間に合った。

「嬉しかったですねえ。ディフェンス・ラインに関しては、みんなでいいものを作りあげたって手応えがありましたもん」

――やり残したことはなかった？　アトランタでブラジルと戦った時のように、何の悔いも残さずに試合に入っていけた？

「いや、フリーキックの際の壁の作り方とか、突き詰めきれなかった部分はあるんです。だけど今から思えば、ブラジル戦の時も、きっとやり残したことってあったと思うんですよ。自分が気づかなかっただけで。それが今回は気づいた。経験を積んだ分、2年前は見えなかったものが見えてきた。そういうことじゃないかな」

――余裕が出てきた。

「たぶん。大会が近づいてくると、合宿生活が長かったせいもあって、みんなかなりピリピリしてきたんです。ただ、俺は不思議なぐらいリラックスしてた。ああ、アトランタの時は俺もこんな感じだったんだろうなっていう、すごく冷静な部分が自分の中にあったんですよね」

――アルゼンチン戦で印象に残ってるのが、点を取られた後の笑顔と、試合が終わった直後の真っ赤な目、それと2つのビッグセーブだったとすると、クロアチア戦では試合直後、みんなの肩を叩いて何か言ってた場面。人一倍負けん気の強い男が悔しさを押し隠してるようでビックリしたんだけど。

「いや、もちろん凄く悔しかったんですよ。だけど、それ以上に怖いっていう意識の方が強かった」

――怖い？

「スケールに点を取られた後、ディフェンダーがバタバタバタって倒れちゃったじゃないですか。あの時点で、みんなの張りつめてたものが切れたんじゃないかって気はしてたんです。で、結局そのまま追いつけなかったでしょ。やばい、チームが壊れるって」

――ただ、決勝トーナメント進出の夢が断たれた以上、倒れたくなる気持ちはわかる。

「それはそう。そうなんですけど、だけど、俺たちにはまだあと1試合残ってた。決勝トーナメントに進出できなかった。悔しい。悔しいけど、そうなった以上、3試合目でいい結果を出して、3試合をトータルで評価してもらうしかない。1、2戦でできたことプラス、勝ちっていう結果を上乗せして、その上でフランスでの日本代表を評価してもらいたかった。だから、チームが壊れちゃうような事態はなんとしても避けなきゃいけなかった。壊れてジャマイカにやられるようなことがあったら、3試合すべてが否定されてしまうような気がしたから」

――感情を解き放ったチームは負ける。

「うん。決勝戦でのブラジルって、なんだか燃えかすみたいになっちゃってたっていうじゃないですか。ブラジルに勝ったノルウェーも、次の試合は全然だった。彼らが解き放った感情は喜びだったけど、同じことは他の感情についても当てはまると思うんです。次の試合がある選手は、喜びすぎても悲しみすぎてもダメなんですよ、たぶん」

フランスでの3試合、俺はずっと祈ってた

――試合を見る限り、6月26日の日本は壊れてはいなかった。でも、負けた。2点目を取られた後は、君も久々に激しい感情を表に出してた。メディアの中には、終了直前に攻撃参加しようとしたことや、試合後に言った「他の国は死に物狂いで戦ってるけど、日本にはそういうものがない」というコメントを揶揄《やゆ》しているところもある。みんな一生懸命やっているのに、一人だけそういうことを言うとは勘違いも甚《はなは》だしいってね。

「……知ってます。サッカーっていうのはいろんな考え方があるから、もうしょうがないですよね、そういうのは。ただ、わかってもらいたいのは、ゴールキーパーっていうのは、ある意味観客と同じで、点を取ることに関しては祈るしかない立場なんです。フランスでの3試合、俺はずっと祈ってた。もちろん、みんな一生懸命やってくれてたのは間違いないですよ。だけど、必死というか、死に物狂いさが感じられない時もあった。それじゃダメだと思うんです。そうは見えないだろうけど俺は必死にやってる、じゃなくて、誰が見ても必死さがわかるのがプロの必死だと思うから」

――バティストゥータ。日本戦の時ははっきりいって守備で手を抜いてた。だけど、オ

ランダ戦の時は攻撃に100％集中したうえで、守備にも120％集中してた。確かに、あの時の彼から必死さを感じない人はいなかっただろうね。

「フランスとやった時のパラグアイもそうだと思うんです。俺、テレビで見てて涙出てきちゃいましたもん。内容からいったら、日本がやったアルゼンチン戦やクロアチア戦よりもさらに押し込まれてた。だけど、彼ら全員が戦ってたじゃないですか。シュートの場面に身を投げ出して、カウンターのチャンスになったら全員が反応して……。俺、羨ましかったです。周囲はすべて敵という状況の中で、あそこまでチームが一つになって勝利を目ざす姿が」

——「もっとしびれる試合がしたかった」とも言ったそうだね。

「上でね、やりたかった。負けたらおしまい、ミスしたらアウトっていう、決勝トーナメントのしびれるような雰囲気の中で試合がしたかった」

——でも、できなかった。原因はいろいろあると思う。ただ、それを選手に言わせてしまうと問題があるから、ここでは、2勝1敗だったオリンピックの時との違いを聞かせて欲しい。まず準備。オリンピックの時はチュニジアに遠征したりもしたけれど、今回はほとんどが国内での試合だった。キリンカップやダイナスティカップでの経験は、ワールドカップを戦ううえで何かの支えになっただろうか。アトランタでブラジルに勝ったことが、アルゼンチン戦の川口能活を支えたように。

「結果があぁだったからなのかもしれないけど、あんまり支えにはならなかったような気がする。オリンピックの時にやったチュニジア戦の第2戦なんかは完全なアウェーだった。今回は、そういう状況で未知の相手と戦った試合ってなかったですからね」

――現地入りしてからのスケジュール。

「いい悪いは別にして、オリンピックの時の方が圧倒的にオフは多かったかなあ。え、こんなにあっていいのってぐらい、休みの日がありましたもん。大会期間中にも、買い物の日とかあったし」

――オリンピックの時は「世界のGKと比較してもそんなにコンプレックスを抱かなくてもいい」という収穫があったと思う。今回の個人的な収穫は？

「う〜ん……。収穫って言えるかどうかはわかんないけど、チラベルトからは強烈なインパクトを受けましたね。指示の仕方、感情表現、それとフランス戦の後の姿。何より、あの存在感を早く身につけたい」

――チームとして良かったこと。

「ディフェンスの連携」

――悪かったこと。

「……言いません」

――ワールドカップが終わった今、一番印象に残っていること。

「それはもう、何といっても日本のサポーターがいっぱい足を運んでくれたこと。ロッカールームから通路を通って、パッとスタジアムの様子が目に飛び込んで来た時の感激は、たぶん、一生忘れないんじゃないかな」

――最後にひとつ。ワールドカップで3試合を戦った経験は、これからの川口能活を支えてくれるだろうか。

「……………」

――2回目のワールドカップを戦う時に、何かのアドバンテージになるだろうか。

「わかんないです。いまは、まだ、わかんない。ただ……」

――ただ?

「何年かたって振り返ってみたら、何も残ってなかったってことになるのかもしれない。3戦全敗という結果じゃ、やっぱり世界には勝てないんだってコンプレックスを持っちゃった選手がいるかもしれないし、本当の意味での日本サッカーの財産にはならないのかもしれない。だけど、この悔しさはエネルギーにもなると思うんです。みんなが、ジャマイカ戦の後の気持ちを忘れずにいれば、日本はもっともっと強くなれる」

――2002年が終わった時、「今回いい成績が残せたのはフランスでの屈辱があったからこそだった」ということになれば、と。

「うん、そうしなきゃダメでしょ」

川口能活は変わった。

初めてマリノスの寮で話を聞いた時、彼は叫んでいた。懸命に自分を抑えこもうとしながらも、こらえきれずに叫んでいた。あまりにも衝撃的で、そしてあまりにも悲痛だった彼の言葉の数々に、寮を出る時の私はほとんど放心状態だった。

だが2年後、同じ場所で会った川口は、ほぼ完全に感情をコントロールしていた。胸の内に潜む熱いものが消えたわけではない。それは、もう後がなくなったジャマイカ戦での激情を見てもわかる。彼は、思いを自分の中にとどめる術《すべ》を知ったのだ。

アトランタ直後の川口は、ちょっとした燃え尽き症候群に陥っていた。Jリーグについて話すときの口調には、どことなく張りがなかった。口では「頑張らないと」と言いながらも、そこにオリンピックほどの価値を見いだせずにいるようだった。しかし、今回は違った。彼は相当に熱っぽく、再開後の第1戦となる平塚戦について語った。

「とにかく優勝したいんですよ。そこから少しでも、自信を積み上げていきたいから」

インタビューを終えて外に出ても、空にはまだ明るさが残っていた。寮の外に人影はなかった。景色も、状況も、そして私の気持ちも、すべてが2年前とは違っていた。

なぜか、微笑がこみ上げて来た。

（金子達仁）

徹底分析
Arsène Wenger

Number449号（1998年7月30日号）掲載

アーセン・ベンゲル

「日本は正しい方向に進んでいる」

言わずと知れた名将である。
かつてはJリーグで指揮を執り、
日本を離れた後も、愛情と威厳をもって
この国のサッカーを見守り続けてきた。
大舞台の青い戦士たちを、どう評価するのか。

――まず3試合を通しての日本の印象から聞かせてください。

「日本はよくやった。ジャマイカ戦があああいう結果に終わったものの、持てる力のほぼすべてを出し尽くした。そして試合ごとに進歩していった。世界の人々に、日本サッカーのいいイメージを与えたという意味で、日本にとってワールドカップは成功だったと言えるだろう」

――具体的にはどんなイメージでしょうか？

「よく組織されたスピーディなサッカーを日本は見せた。ヨーロッパの人間にとっては、それは新鮮な驚きだった。私は以前から、Jリーグはヨーロッパの中位程度の実力はあると言っていたが、その言葉が証明されて嬉しい」

――大会前から、あなたは日本を高く評価していましたが？

「ああ、日本の力は私が一番よく知っているからね。アルゼンチンやクロアチアを相手にしても、かなりやれるだろうと言っていたが、実際にその通りだった」

――日本の何がよかったのでしょうか？

「ディフェンスだ。アルゼンチンとクロアチアに1失点ずつというのは、ディフェンスが完璧だった証拠だ。オルテガやバティストゥータ、スーケルは並の選手ではない。川口は最初の2試合は非常に安定していたし、井原と秋田、中西のセンターバックも試合を通じて進歩していった」

——では、3試合をそれぞれ振り返ってください。まずアルゼンチン戦ですが?

「優勝候補を相手に、前半は戸惑いとミスが目立った。バティストゥータのゴールが、それを象徴していた。日本はボールを奪っても、すぐに攻撃に移れなかったので、ディフェンスのミスをリカバーできなかった。バティストゥータのようなストライカーに、ゴール25m前でボールを渡してしまっては、カバーの余地はない」

——前半は慎重だった日本も、後半は多少積極的になりました。

「ただしペナルティエリアに入るあたりから攻撃に迫力を欠き、得点にまでは至らなかった。またセットプレーにも工夫がなかった。コーナーキックが3本続いたとき、アルゼンチンのディフェンスはパニック状態に陥っていた。そこを突けなかったのが日本にとっては痛かった」

——1対0という結果は、肯定的に捉えていいのでしょうか?

「半分勝ちに等しいと言える」

——とはいえナイーブなミス、単純なパスミスも目立ちました。

「例えば中田は、前半に28本のパスを出して、そのうちの8本をカットされた。ゲームメイカーが3割もパスミスをするのは致命的だ」

——中田自身の出来はどうでしたか?

「悪かった。集中力を欠いていたうえに、前半は自分の能力を見せるためだけにプレーしていた。試合への入り方を彼は間違えていた。後半は良くなったが、もっと考えてプレーすべきだった。彼の能力は個人的に高く評価しているが、力の80％しか出さないようならば、並のいい選手で終わってしまう。低いレベルで満足すべきではない」

——逆に名波は良かったですが……。

「彼は持てる力の100％を出した。判断が正しく、プレーが効率的だった。日本の中盤を、攻守にわたって支えていた」

——選手交代はどうでしたか？

「呂比須にはテクニックを期待したのだろう。きついマークにあっても、前を向ける技術を彼は持っている。中西のパスから実際に惜しいシュートを放った。平野はテクニックはさほどないが、フィジカルが強くシュート力もある。元々左ウイングなのでディフェンスには問題があるが、最後に相馬と交代させて一発を狙ったのだろう」

——そういえば、試合前に日本のロッカールームを訪ねたそうですね？

「ホテルには行ったが、ロッカールームに行ってはいない」

——選手に何を話したのでしょうか？

「それはここで言えることではない。秘密だ（笑）」

——では、続いてのクロアチア戦ですが？

「緒戦の硬さが取れた日本は、見違えるほど大胆に戦った。特に攻撃がそうで、前半は何度もゴールチャンスを作った。勝つチャンスは前半にあったと思う。たしかにこの日も、中盤でボールを簡単に失う場面が多かった。そこに経験不足が露呈していた。だがクロアチアもミスが多く、日本は救われた。後半は双方に疲れが出た。クロアチアの運動量低下は容易に予想出来たが、日本にも疲れが出てゲームを支配するには至らなかった。相手を攻めきれないうちに、決勝ゴールを奪われてしまった」

――引き分けていてもおかしくない試合でしたが。

「スーケルが日本にいたら、日本が試合に勝っていただろうね。決定力の差が勝負を決めた。これは日本の最大の弱点のひとつだ」

――たしかにフォワードは、この日も仕事が出来ませんでした。

「ただし中山は良かった。彼自身のすべてを出し切っていた。城には不満が残る。攻撃はアルゼンチン戦同様に、相手ゴール前25mからが課題だ。日本の選手は動きが素直で、意図を敵のディフェンスに読まれるので、容易に止められてしまう。もっと相手をかわすプレーや、意図を悟らせないためのフェイクを普段の練習から動きのなかに入れる必要がある」

――選手交代のタイミングが遅かったように感じましたが。

「そうかもしれない。岡野は動きにメリハリがなく、期待に応えたとは言いがたかった。森島はまぁまぁ。良かったのは呂比須だ。わずか5分あまりの出場だったが、名良橋のクロスを頭で合わせ、チャンスを作りだした。彼はいい仕事をしている」

日本は正しい方向に進んでいる

――岡田監督は、ジャマイカ戦も出場停止の中西を除き、先発メンバーを変えませんでした。新しい選手を入れるべきではなかったのでしょうか？

「呂比須のような、元気な選手を入れていても良かったかもしれない。アルゼンチン戦やクロアチア戦以上に、ゴールが必要な試合だったのだからね。

実はジャマイカ戦は見ていないんだ。テレビの仕事で、ランスのイングランド戦を見ていた。だから結果を聞いて本当に驚いた。最低でも引き分けるべき相手で、日本の力なら勝たなければいけない。勝てば日本のワールドカップチャレンジは完璧になっているハズだったからね」

――ゲームは支配するものの、点がとれないうちに、相手のカウンターアタックにやられてしまいました。

「ジャマイカのディフェンスはそう強くはなかったはず。日本が2点取っていても、おかしくはなかったのだが……」

――3連敗という結果をどう見ますか？

「結果よりも内容を重視すべきだ。繰り返しになるが、日本はアルゼンチンとクロアチアを相手に持てる力を出し切って、日本のイメージを世界の人々に植えつけることが出来た。それがなによりもよかった」

――個々の選手に関してはどうでしょうか？

「ゴールキーパーの川口は素晴らしかった。私は彼を以前から高く評価していたが、特にアルゼンチン戦の彼の反応は完璧だった。俊敏で読みも鋭く、判断にも間違いがない。集中力の高さは、世界のトップレベルと比べても遜色がない。大会でもベストゴールキーパーのひとりに数えていい。

スイーパーの井原とストッパーの秋田、中西もよかった。井原は今大会、本当に素晴らしかった。彼の後継者をどうするかは、新しい代表監督の大きな課題になるだろう。

ウイングバックの相馬、名良橋、ボランチの名波、山口まで含め、ディフェンスは全体的によかった。ジャマイカ戦は見ていないが、アルゼンチン戦とクロアチア戦に関しては、批判すべき点はほとんどない。彼らはパーフェクトだった」

――相馬、名良橋の両ウイングバックは、攻撃でも大きな役割を担っていましたが？

「相馬は攻撃面で、日本に大きなプラスアルファをもたらした。積極性があるのと、クレバーな判断力がいい。フランスやイングランドならば、彼の力ならば十分に通用するだろう。

名良橋も身体が小さいにもかかわらず、強さでクロアチアの選手に負けていなかった。

精力的にゲームメイクに加わるのもいい。

　ブラジルのロベルト・カルロスやカフー、フランスのテュラムやリザラズを見れば分かるように、今日のサイドバックは単にオーバーラップしてクロスをあげるのではなく、ゴール前に進出して積極的にシュートまで狙う。その点で日本の2人も、非常にアグレッシブだったといえるだろう」

――中盤では名波の評価が高いですが。

「彼にとっては最高のワールドカップだったのではないか。正確な判断とパスで、常に攻撃の起点になっていた。彼から日本の攻撃は始まっていた。また守備への貢献度も高く、モダンフットボールが要求するミッドフィールダーの役割をすべてこなしていた」

――中田はどうですか？

「クロアチア戦は、アルゼンチン戦よりもずっと良かった。フィジカルコンディションが格段にアップしていたので、活発で自由に動き回った。創造力もそれなりに発揮していた。ただし、簡単にボールを失うのはいただけない。彼もまだ21歳。多くを期待すべきではない。年齢的にピークを迎えるのは、27〜32歳ごろになる。その時には今よりずっと成熟した、大人の選手になっているだろう。彼がヨーロッパのクラブに行きたいというのであれば、なるべく早い方がいい。それも平均的なクラブよりは、名門と言われるビッグクラブの方がいいと思う。というのも平均的なクラブでは、外国人選手はチームの中心として活躍することを、最初から期待される。彼らにかかるプレッシャーはきつい。はじめてのヨーロッパでそういう状況でプレーするのは、日本人には厳しいと思う。カズがジェノアで活躍できなかったのも、それがあったからだろう。そうであるならば、外国人スター選手がたくさんいる名門クラブで、過度な期待を背負うことなく気楽にスタートする方が、明らかにプレッシャーは少なく伸び伸びとプレーできるはずだ」

――そういうものでしょうか。ではフォワード陣はどうでしたか？

「はっきり言って弱かった。ストライカーをどうするかが、２００2年に向けての、最大の課題のひとつだ。ただしこれは、一朝一夕に解決する問題ではない。今の若手の中にも、可能性のある人材はいるのだろうが、根本的には12～13歳の子供の頃から育てないと解決しない。日本全体で考えていくべき問題だ」

――岡田監督の采配はどうでしたか？

「よくやったと思う。あの困難な状況から、日本を予選突破させたのは、明らかに岡田監督の功績だ。そして本大会でも、日本らしさを発揮した。

ひとつ言いたいのは、3連敗が監督の責任で、彼が責任を取って辞任するのはいい。だがそれで終わりではどうなのだろうか。新しい監督になっても、恐らくは同じ選手たちが選ばれ続けるのだろうが、敗戦の責任は監督だけでなく選手にもある。選手はそのことを、もっと深刻に受けとめるべきだろう」

——それでは、２００２年に向けての課題は何でしょうか？

「ひとつには攻撃力の強化。つまり相手ゴール25ｍから先で、どうやって崩していくかだ。これはＪリーグで１対１の戦いが激しくなっていかない限り、なかなか強くはならないだろう。

また日本だけでなくアジア全体に言えることだが、テクニックの強化をもっと図るべきだ。フィジカルもベースだが、日本の場合、フィジカルは欧米と比べて遜色がないどころか、むしろ上回っていた。

例えば日本が、あれだけあったコーナーキックやフリーキックのチャンスを生かせなかったのも、正確なキックを蹴れなかったからだ。センタリングも同じ。受ける相手に合わせ、正しく蹴れなければチャンスは生かせない。スーケルが日本戦で得点できたのも、アサノヴィッチから正確なクロスボールがあがったからだった」

——では方向性としては、今のサッカーを進めていっていいのでしょうか？

「正しい方向に進んでいると思う。コレクティブな戦術をベースにしたサッカーは、世界の流れとも一致している。若手の育成が鍵だが、その点でも日本は可能性に溢れている。２００２年には大いに期待できる。今のやり方を、これからも続けるべきだ」

（田村修一）

1998 FIFA World Cup France
GROUP LEAGUE

GROUP A

	Group A	ブラジル	ノルウェー	モロッコ	スコットランド	勝ち点	得点	失点
1	ブラジル		● 1-2	○ 3-0	○ 2-1	6	6	3
2	ノルウェー	○ 2-1		△ 2-2	△ 1-1	5	5	4
3	モロッコ	● 0-3	△ 2-2		○ 3-0	4	5	5
4	スコットランド	● 1-2	△ 1-1	● 0-3		1	2	6

連覇を狙うブラジルが、スコットランド、モロッコを破り、32カ国のトップを切って決勝トーナメント進出を決めた。2引分けで最終戦を迎えたノルウェーは、ブラジルに勝たなければグループリーグ敗退という厳しい状況下で底力を発揮。後半33分に先制されながらラスト10分で試合をひっくり返し、劇的な勝利で2位に滑り込んだ。

GROUP B

	Group B	イタリア	チリ	オーストリア	カメルーン	勝ち点	得点	失点
1	イタリア		△ 2-2	○ 2-1	○ 3-0	7	7	3
2	チリ	△ 2-2		△ 1-1	△ 1-1	3	4	4
3	オーストリア	● 1-2	△ 1-1		△ 1-1	2	3	4
4	カメルーン	● 0-3	△ 1-1	△ 1-1		2	2	5

前回準優勝のイタリアはチリとの初戦に苦しんだ。ヴィエリの一発で先制したものの、連続ゴールで一時は逆転を許し、後半40分に得たPKをロベルト・バッジョが決めて辛くも引き分け。これで気を引き締めたか、イタリアは残る2戦を快勝して1位通過。混戦の2位争いは、3引き分けのチリが36年ぶりのベスト16入りを果たした。

GROUP C

	Group C	フランス	デンマーク	南アフリカ	サウジアラビア	勝ち点	得点	失点
1	フランス		○ 2-1	○ 3-0	○ 4-0	9	9	1
2	デンマーク	● 1-2		△ 1-1	○ 1-0	4	3	3
3	南アフリカ	● 0-3	△ 1-1		△ 2-2	2	3	6
4	サウジアラビア	● 0-4	● 0-1	△ 2-2		1	2	7

開催国フランスは初戦の南アフリカ戦を3－0で圧勝。W杯で12年ぶりとなる勝ち星をあげた。続くサウジアラビア戦は4－0、デンマーク戦も2－1で制し、3戦全勝で決勝トーナメント進出を決めた。気がかりは司令塔ジダンの2試合出場停止（決勝トーナメント1回戦まで）。残る一枠もフランスに善戦したデンマークと順当な結果。

GROUP D

	Group D	ナイジェリア	パラグアイ	スペイン	ブルガリア	勝ち点	得点	失点
1	ナイジェリア		● 1-3	○ 3-2	○ 1-0	6	5	5
2	パラグアイ	○ 3-1		△ 0-0	△ 0-0	5	3	1
3	スペイン	● 2-3	△ 0-0		○ 6-1	4	8	4
4	ブルガリア	● 0-1	△ 0-0	● 1-6		1	1	7

スペイン－ナイジェリアはグループリーグ屈指の好カード。1－1で迎えた後半、スペインはラウールのボレーで一度はリードを奪うが、ナイジェリアの爆発力に屈して逆転負け。続くパラグアイ戦も、圧倒的に攻めながら得点を奪えず0－0で引分けた。前回ベスト4のブルガリアとともに「無敵艦隊」はグループリーグで姿を消した。

GROUP E

	Group E	オランダ	メキシコ	ベルギー	韓国	勝ち点	得点	失点
1	オランダ		△ 2-2	△ 0-0	○ 5-0	5	7	2
2	メキシコ	△ 2-2		△ 2-2	○ 3-1	5	7	5
3	ベルギー	△ 0-0	△ 2-2		△ 1-1	3	3	3
4	韓国	● 0-5	● 1-3	△ 1-1		1	2	9

最終戦を迎えた時点で、韓国を除く3カ国にグループリーグ突破の可能性があった。オランダ−メキシコは、メキシコが2点のビハインドを跳ね返し、ベルギー戦に続いて奇跡的な同点劇。ベルギー−韓国は、リードを奪ったベルギーが最後に追いつかれ、こちらもドロー。最後まで粘り強く戦ったメキシコがベルギーを押しのけた。

GROUP F

	Group F	ドイツ	ユーゴスラビア	イラン	アメリカ	勝ち点	得点	失点
1	ドイツ		△ 2-2	○ 2-0	○ 2-0	7	6	2
2	ユーゴスラビア	△ 2-2		○ 1-0	○ 1-0	7	4	2
3	イラン	● 0-2	● 0-1		○ 2-1	3	2	4
4	アメリカ	● 0-2	● 0-1	● 1-2		0	1	5

ともに1勝をあげて臨んだドイツとユーゴスラビアの一戦は、前半からユーゴスラビアが攻めまくる展開。ストイコヴィッチのゴールなどで一時は2点差がついたが、ドイツも終盤の猛反撃で2点を奪い返し、引分けに持ち込んだ。この試合でドイツのマテウスはW杯最多出場記録を更新。地力に勝る両国が順当にベスト16へ進んだ。

GROUP G

	Group G	ルーマニア	イングランド	コロンビア	チュニジア	勝ち点	得点	失点
1	ルーマニア		○ 2-1	○ 1-0	△ 1-1	7	4	2
2	イングランド	● 1-2		○ 2-0	○ 2-0	6	5	2
3	コロンビア	● 0-1	● 0-2		○ 1-0	3	1	3
4	チュニジア	△ 1-1	● 0-2	● 0-1		1	1	4

縦パス中心のサッカーから組織的な展開サッカーに変身したイングランドが本命と見られていたが、ハジを始めテクニシャンを揃えたルーマニアが直接対決を制した。2位を争うイングランドーコロンビアは、スタメン初出場のベッカムが 25 mのＦＫを直接叩き込んで快勝。バルデラマ率いるコロンビアはグループリーグで姿を消した。

GROUP H

	Group H	アルゼンチン	クロアチア	ジャマイカ	日本	勝ち点	得点	失点
1	アルゼンチン		○ 1-0	○ 5-0	○ 1-0	9	7	0
2	クロアチア	● 0-1		○ 3-1	○ 1-0	6	4	2
3	ジャマイカ	● 0-5	● 1-3		○ 2-1	3	3	9
4	日本	● 0-1	● 0-1	● 1-2		0	1	4

強豪アルゼンチン、初出場のクロアチアが、ともに2連勝で早々と決勝トーナメント進出を決めた。1位をかけた両国の対決は、アルゼンチンが前半 36 分にあげた1点を守り抜き、出場 32 カ国中唯一の3試合連続無失点で1位通過。初出場の日本は、ジャマイカ戦で中山雅史がW杯史上初ゴールをあげたが、3戦全敗に終わった。

1998 FIFA World Cup France
決勝トーナメント

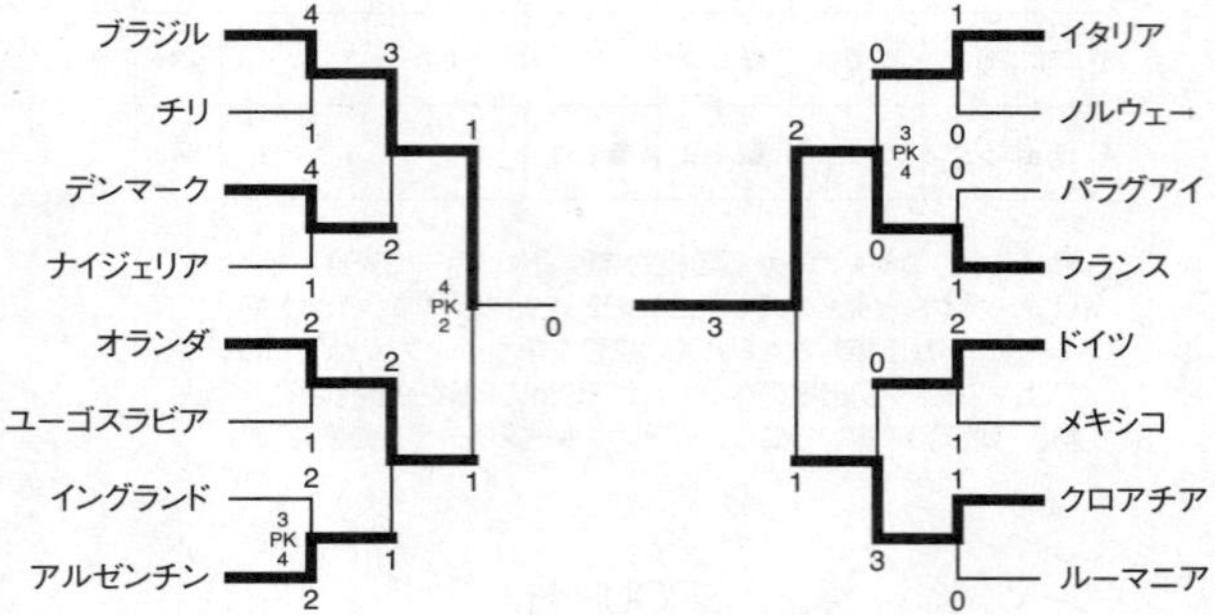

3位決定戦
クロアチア 2-1 オランダ

パラグアイとの延長戦をゴールデンゴールで乗り切ったフランスは、準々決勝でイタリアと激突。退場処分の解けたジダンを中心に多彩な攻撃を展開した。結果的に無得点だったが、ＰＫ戦を制して優勝に望みをつないだ。イングランドとの死闘を制したアルゼンチンと、ユーゴスラビアを退けたオランダの一戦は、オルテガを完全に封じたオランダが制勝。初出場のクロアチア、王者ブラジルと4強が出そろった。オランダ－ブラジルの死闘はＰＫ戦の末にブラジル。フランスもクロアチアの快進撃を止め、前回王者と開催国との決勝戦となった。大声援に後押しされたフランスは、ジダンの2得点でリードを奪うと、ブラジルの猛反撃をしのぎきって初優勝を果たした。

日韓大会へ　自国開催への助走

2002
FIFA World Cup
Korea / Japan

「トゥルシエ時代」の総括

フィリップ・トゥルシエは、「白い呪術師」と言われ、ナイジェリア、ブルキナファソ、南アフリカの代表監督を務めた経歴を持つ。2002年日韓ワールドカップでのグループリーグ突破を使命として、1998年9月に日本代表監督に就任した。

トゥルシエは、当初から厳しい規律と徹底した秘密主義を貫き、協会やマスコミなどと衝突を繰り返していた。だが、「フラット3」という戦術を軸にチームを作り、その手腕が脚光を浴びたのは、1999年のナイジェリア・ワールドユースだった。小野伸二、高原直泰、遠藤保仁らが中心となった「黄金世代」の選手たちが、FIFAの公式大会で初めて決勝に進み、準優勝を果たしたのである。

一方、A代表では、なかなか結果が出なかった。

同年、南米選手権では、ペルー、パラグアイに連敗し、ボリビアには引き分けたがグループリーグで敗退した。この時点で手腕に疑問符がついたが、ノルマとなったシドニー五輪予選突破を果たし、ひとつのヤマを越えた。

だが、2000年2月のカールスバーグ杯では香港選抜にPK戦まで持ち込まれ、2月、アジアカップ予選のマカオ戦は、3―0で勝ったものの格下相手に攻撃が機能しなかった。つづく親善試合の中国戦にドロー、韓国には0―1で敗れ、ついに去就問題に火が付いた。

その問題を抱えたまま出場したのが、ハッサン二世国王杯だった。

欧州選手権を1週間後に控えたフランスを相手に2―2の勝負を演じ、PK戦で敗れて惜しくも決勝進出を逃したが、去就問題を一掃する戦いを見せたのである。

6月のキリンカップを経て、首の繋がったトゥルシエは、シドニー五輪へと舵を切った。黄金世代に中田英寿、宮本恒靖、中村俊輔らを加えたチームは、アトランタ五輪を凌ぐメンバーで史上最強とも言われ、メキシコ五輪以来のメダル獲得を期待されたが、準々決勝でアメリカにPK戦で敗れた。

トゥルシエのチーム作りが最初にピークを迎えたのは、2000年10月に行なわれたアジアカップレバノン大会だった。名波浩が代表復帰し、シドニー五輪組からは中村俊輔、稲本潤一ら登録メンバー23名中9名の五輪世代が代表入りした。初戦のサウジアラビア戦からフラット3が機能し、無類の強さを発揮。名波と中村俊の二人を軸に、多彩な攻撃を見せた日本は、高原と西澤明訓が得点王争いをする勢いで、一気にアジアの頂点に立ったのである。

２００１年、日韓共同開催のコンフェデレーションズカップでは、予選リーグでブラジルに引き分け、決勝戦でフランスに０—１で敗れはしたが、準優勝を果たした。

就任からマスコミや各関係者など、様々な所で衝突し、軋轢を産んできたトゥルシエだが、窮地に追い込まれても結果を出すことで乗り越えてきた。本当の力は、そうして磨かれるものであり、その地力が２００２年の本番で開花することになる。

（佐藤俊）

インタビュー
Philippe Troussier

Number512号（2000年12月28日号）掲載

フィリップ・トゥルシエ 1

「チーム作りは順調だ」

'98年9月に日本代表監督に就任したが、韓国に敗れるなどした'00年春には更迭論が巻き起こったこともある。しかし、アジア杯で優勝した同年末のインタビューからは、自信のほどが窺える。

——この一年を振り返って総括すると、2000年は攻撃的な日本のサッカーが開花した年として、位置づけてよいのでしょうか。

「そう思う。いろいろな国際大会、とくにアジアカップ（10月・レバノン）を通して、攻撃的な日本のサッカーを世界に知らしめることができた。

もちろんその前にはシドニー五輪（9月）があり、ハッサンⅡ世杯（6月・モロッコ）があった。そうした大会で日本は、常に攻撃的でスペクタクルなサッカーを指向した。それが日本のスタイルであることを、内容と結果の両面で示した」

——確かにアジアカップは衝撃的でした。

「緒戦のサウジアラビア戦から、自分たちの力を確信することができた。アジアのレベルを超えられる力があると思っていた」

——6試合で総得点が21。一試合平均で3・5点です。攻撃的サッカーは、日本のスタイルなのでしょうか。

「日本人には攻撃的なサッカーが合っていると思う。Jリーグを見る限り、どのチームも攻撃指向だからだ。守備に比較的重きを置いているのは、鹿島アントラーズぐらいだろう。監督のトニーニョ・セレーゾは、イタリアでのプレー経験が長いからね。

しかし日本人には、イタリアのような守備的サッカーは似合わない。1対0の勝利を美しいと思うメンタリティは、日本人にはないからね。日本サッカーは、イタリアより

も オランダに近い」

――アジアカップでは、失点が多いという批判もありましたが。

「それは一部の批評家が、4対1の勝利よりも1対0の勝利を求めているからだろう。だが私は、攻撃力が守備力を上回っている限り、1対0よりも4対1を好む。4対2や4対3、5対3でもいいが(笑)。クライフ監督時代のバルセロナがそうだっただろう。それをスペクタクルと呼ぶのではなかったか」

――それはトゥルシエのスタイルと言ってもいいのでしょうか。

「ああ。私は一貫して攻撃的サッカーを追求してきた。フランスで2部や3部のチームを率いていたときも、アフリカ時代もだ。なかでもブルキナファソ時代は特に攻撃的で、4人のフォワードを並べることもあった」

――アジアカップでは同等か格下の相手ばかりでしたが、世界のトップクラスと対戦しても、それは変わらないのですか。

「フランス戦(ハッサンⅡ世杯・2対2で引き分け)を見ればわかったはずだ。もちろんすべては相手との力関係で決まる。相手が自分たちよりも強ければ、ボールをキープできない時間帯が当然多くなる。また同じシステムを採りながら、より守備的な選手を起用することもあるだろう。

だがたとえキープ率が7対3や8対2になっても、われわれが支配する時間帯では、普段と変わらぬ攻撃的プレーでゴールチャンスを作る。それがわれわれのやり方だ」

――そんな相手には、フラット3では守りきれないという批判もあります。

「私が思うに、日本には優れたディフェンダーが少ない。だから4バックは、3バック以上にリスクを負ったシステムになる」

――それはどういうことですか。

「4バックにすると、攻撃の人数が1人減る。その分、攻撃的でなくなる。ところが優れたディフェンダーがいるかといえば、そういるわけではない。

つまりアタッカーが1人減るうえに、ディフェンスの強化もままならない。Jリーグを見渡したとき、ディフェンスの中心は外国人が占めていることが多い」

――それで？

「だからディフェンスは選手個人ではなく、システムとして評価すべきだ。たとえば私のチームで、最高のディフェンダーの一人は中村俊輔だ。彼はディフェンスの専門家ではないが、システムの中で彼が担うディフェンス面の役割は大きい。

だがボールを奪った後は、中村は優れた攻撃的才能を発揮して、次々とゴールチャンスを作りだす。システムとはそうして機能していくものだ。

たしかにフラット3は多少不安定な面もあるが、それがスペクタクルでクリエイティブな日本の攻撃を可能にしている点を、見逃すべきではない。それに以前の日本は、もっと守備的なシステムを採りながら、試合に負けていたのだろう?」

――それはその通りですが……。

「ならいいではないか。それとも君たちには、攻撃的サッカーが日本のイメージになると、何か不都合なことでもあるのか?」

――決してそんなことはないです。それではチーム作りは順調に進んだのでしょうか。

「ひとことで言えば予定通り。プログラムは遅れてはいない」

――少し具体的に説明して下さい。

「われわれはワールドカップ・プロジェクトという、4年間のプロセスのちょうど中間点にいる。2002年の本番まで残り2年弱。ここまで2年の準備をしてきた限りでは、途中はいろいろあったものの、それぞれの過程を順調にこなすことができた。

選手は年齢に見合った成長を遂げている。年齢に応じた経験を積み、成熟している。ヨーロッパや南米、アフリカの選手たちと比べても、決して劣っているとは思わない」

――6月のハッサンⅡ世杯やキリンカップ、秋にはシドニー五輪にアジアカップと、今年は大きな国際大会がありました。

「ああ、その前にまずアジアカップ1次予選がマカオであった(2月)。2000年はチャレンジという意味では、とても興味深い年だった。何故なら、進歩するためにはチャレンジ、つまり目標が必要だからだ。

まずはアジアカップの本大会に駒を進めること。他の大会にもそれぞれ目標があった。それをクリアすることで、われわれは着実に力をつけ進歩していった。またマカオでの1次予選は、それまで別々に活動していた五輪代表とA代表が、はじめて融合した大会だった」

――それはうまくいったわけですね。

「そうだ。技術と戦術理解に優れた五輪世代。フィジカルと経験の面で勝っているA代表世代。両者が組み合わさることで、日本代表も次第にチームらしくなっていった」

――マカオでは攻撃練習に重点が置かれました。

「守備から攻撃へというのが、私のチーム作りのプロセスだからだ。ディフェンスに関しては、それまでに基本がほぼ出来上がっていた。そこからどう攻撃を組み立てていくかが、今年の課題だった」

――その後の中国戦（3月・神戸）と韓国戦（4月・ソウル）では、決定力不足が浮き彫りになりました。

「たしかに点は取れなかった。だがわれわれは攻撃的なサッカーで、数多くのゴールチャンスを作りだしていた。その方が重要だ。どちらの試合も、決して攻撃がうまくいってなかったわけではない」

――ならば点が取れなかった原因は？

「いろいろあるだろう。ゴール前でのほんのちょっとした余裕の欠如。ほんの少しのタイミングのズレが、シュートの正確性を奪う。

オリンピックでもそれは同じだった。どの試合でもわれわれは、少なくともあと1、2点ずつ取っていておかしくなかった」

――それがハッサンⅡ世杯では、フランスから2点、ジャマイカから4点取りました。違いはどこにあったのでしょうか。

「そう違いがあるわけではない。相手が世界チャンピオンで、モチベーションが高かったこと。オートマティズムを身につけはじめていたこと。長い合宿はマカオ以来で、選手たちがお互いを理解しはじめたこと……。

相手のコンディションが万全ではなかったとはいえ、世界チャンピオンから2度も先行するゴールを奪った。それが大きな自信になったのは間違いなかった。自分たちがやってきたことは正しかったという確信を、選手たちはモロッコで得ることができた」

――その直後に、ボリビアとスロバキアを招いてキリンカップがありました。

「ハッサンⅡ世杯が、次のワールドカップ開催国として、世界に向けて日本サッカーをアピールする機会なら、キリンカップは日本のサポーターに向けて、強化が順調に進んでいることを示すチャンスだった。しかも去年はペルーとベルギーに引き分けて優勝を逃している。是非とも勝つ必要があった」

アジアカップでの雰囲気は最高だった

――そして秋のビッグイベント。シドニー五輪とアジアカップになるわけです。

「アジアカップは優勝を果たし、攻撃的なサッカーが目立ったが、五輪でもサッカーの質はアジアカップと変わらなかった。さらに言えばそれ以前から、われわれは同じレベルのサッカーを実践していた。

足りなかったのは、本物の勝利だけだった。それを得たことで、グループは心理的に強化され、選手たちは精神的に成熟していった。そこが他の大会との違いだ。プレー面に大きな違いはない。選手同士、選手とスタッフの絆が強くなったことだ」

――あなたの選手に対する態度も、五輪とアジアカップでは違ったのではありませんか。

「それはない。グラウンドの上では私はいつも厳しいし、練習や試合前のミーティングでは何も変えてはいない。

ただしグラウンドの外では、選手たちにより大きな自由を与えた。というのもグループはすでに強固になり、私があれこれ言う必要はないと判断したからだ。彼らは責任感があり、自分たちがどうしてここに来たかをよく理解していた」

――つまり変わったのは選手たちだった？

「そう。グループの雰囲気、連帯感は最高だった。それが五輪との違いだった」

――誰がリーダーだったのですか。

「小野伸二は重要だったが、今回、彼はあまりプレーしなかったが、日常生活では彼がモーターになっていた。試合に出ない選手たちの気持ちを高めていたのが小野だった。しかし小野に限らず、全員がそれぞれの役割を果たそうとした。名波浩や森島寛晃も積極的にリーダーシップをとったが、顕著な形では現れなかった。が、彼らが、安定した雰囲気を作りだしたのは間違いない」

——名波はイタリアやコパ・アメリカ（'99年6〜7月・パラグアイ）の経験を生かし、成熟したと言えるでしょうか。

「彼はすでに成熟していた。コパに関しては、彼がヴェネチアと契約を結んだために、チーム合流が遅れたのを忘れるべきではない。周囲が慌ただしく、集中できる環境になかった。だがフランスワールドカップを見ると、彼は日本のベストプレイヤーの一人だ。だから遅かれ早かれ戻ってくると思っていた。

この一年、彼の能力に疑問を持ったことは一度もない。カールスバーグ杯（2月・香港）で代表に復帰したときから、チームに貢献する意志が強いのはよくわかった」

——懸案のフォワードは、高原直泰と西澤明訓が他を一歩リードした感があります。

「高原は五輪前から進歩が著しかったが、西澤はアジアカップで良くなった。それも柳沢敦が病気になり、彼にチャンスが巡ってきたからだ」

——見事モノにしたわけですね。

「そうだ。大会前と開幕当初の西澤は、決してベストではなかった。だからもし柳沢が元気だったら、彼はプレーしていなかっただろうが、それが人生というものだ」

——スペインに行っても大丈夫でしょうか。

「能力的にはまったく問題がない。フィジカルの強さがあるし、若い。ポイントは環境に適応できるかどうかだ」

——ウェストハム・ユナイテッド入りが噂される宮本恒靖はどうでしょうか。

「正直言って少し驚いている。というのもイングランドは、傾向として運動能力の高いディフェンダーを求めるからだ。

宮本は日本最高のディフェンダーの一人だが、彼の良さは戦術理解力にある。ただし私がイングランドのクラブの監督だったら、やはり彼を起用するかも知れない。3バックの中央でならば、十分に使えるからだ。さもなければ守備的ミッドフィルダーだ」

——選手が次々と海外に出ていくのはいいことですか。

「もちろん。選手の能力を高め、日本サッカーを海外にアピールする意味でもいいし、日本代表が国際カレンダーに合わせて試合をする上でも好都合だ。

後に続きうる人材はたくさんいる。中村や稲本潤一、高原、松田直樹、明神智和、本山雅志、小野……。彼らのレベルは高い」

——話を戻します。アジアカップ決勝（サウジアラビア戦）の柳沢のパフォーマンスはどうでしょう。ファイティングスピリットが欠けていたのではありませんか。

「そんなことはない。忘れてならないのは、柳沢は病気がひどかったことだ。一時は熱が40度まであがり、抗生物質の投与を受けて5日間は完全静養にあてた。回復したと判断して投入したが、十分ではなかった。

だからこそあの試合だけで彼を評価すべきではない。私が彼に求めた役割と、彼がなしうることが異なっていたから、5分で交代せざるを得なかったが、柳沢でなく他のフォワードでも、恐らく代えていただろう。あの場面で必要なのは、もう少し低い位置でプレスをかけられる選手だったのだから」

――選手交代は常に論議の対象ですが。

「たしかに選手交代をしていれば、シドニー五輪のアメリカ戦（準々決勝）は勝っていたという議論は成り立つ。選手交代はコーチングの重要な要素で、チーム全体を活性化する効果を持つ。アジアカップ決勝でゴールを決めたのは、出場停止の稲本に代わりプレーした望月重良だったし、ＥＵＲＯ２０００でフランスの優勝に貢献したのは交代出場したトレゼゲやウィルトールたちだった。今日までのわれわれのパフォーマンスも、選手交代により引き出されている部分は大きい。

批判があるのは私も分かっているが、同じ状況になったら、私はまったく同じ選択をする。またときには、選手交代をしなかったことも評価すべきだ。コーチングとはチームを修正して問題を解決することで、その中にはなされなかった選手交代も含まれる」

——しかしアメリカ戦や、アジアカップ決勝の柳沢の例もあります。

「アメリカ戦は、われわれがＰＫ戦に勝っていれば、誰も批判などしなかったはずだ。ワールドユース（'99年4月・ナイジェリア）のポルトガル戦は、ＰＫ戦に勝ったから批判されず、アメリカ戦は負けたから批判を受けた。

柳沢もそう。理由があったから代えたのであって、すべての情報を把握しているのは監督だけという事実は理解して欲しい。

とはいえ私も完璧ではない。交代がプラスをもたらすときもあれば、そうでないときもある。ただこれまでを振り返ると、交代は概《おおむ》ね効果的だったと思う」

——来年は日本にとって、どんな意味をもつ一年になるのでしょう。

「２００１年に日本は、フランスやイタリア、スペインといった強豪と対戦する。そうした試合を通じて、選手に経験を与えることだ。イメージとしては日本を世界のトップ10に続く位置にまで高めたい」

——それは可能でしょうか。

「もちろん。われわれには進歩したいという、強い意志がある。サポート体制も、次第に整いつつある。十分に可能だよ」


（田村修一）

Number525号（2001年6月28日号）掲載

コンフェデ杯日韓大会

「収穫と、消えない不安と」

'01年のコンフェデ杯で、日本は快進撃を見せる。
カナダ、カメルーンに連勝し、ブラジルとはドロー。
準決勝に進出してオーストラリアを下し、
決勝ではフランスと0－1の接戦を演じた。
この大会でトゥルシエジャパンが得たものとは。

決勝戦のキックオフ前に黙禱が捧げられた。6月8日、大阪で起きた児童殺傷事件の犠牲者に向けたものである。被害に遭われた方、遺族の方が受けた衝撃が、黙禱によって癒されるとは思えない。だが、それをわかったうえでなお、この黙禱は行なわれなければならないものだったと思う。

日本のスポーツは、いつも社会の無関心に直面してきた。最近では、さまざまな競技団体幹部の下す決定が密室的であるとか、民主的でないなどと批判される機会も増えてきたが、見方を変えてみれば、彼らを密室という孤立した状況に追いやってしまったのは、ほかならぬ社会だったのである。想像していただきたい。20年前、「私はサッカー協会の仕事をしています」という言葉が、どのような反応で受け止められたかを。羨ましい、といった声があったとは思えない。おそらくは、「なんでそんなヒマなことを」といった、冷たい反応ばかりがあったことだろう。冷たい視線にさらされながら、競技の未来を考えてプライベートの時間を割いてきた人たちを、ブームが来たから、ファンが増えたからといって「独善的」という言葉で片づけるわけにはいかない。彼らの多くは、気が遠くなるほど長い時間、その競技のために尽くしてきているからである。

だが、社会がスポーツに対して無関心だった反面、スポーツが社会に対して何もしてこなかったのも事実である。ヨーロッパのサッカー中継を見ていると、それこそ2週間に1回ぐらいの割合で、キックオフ前の黙禱が行なわれている。黙禱の無力を悟ったうえで、それでも、彼らは自分たちにできることをやろうとしている。

後にコンフェデレーションズカップという大会を振り返る時、私はまず、7万人が静寂に包まれた黙禱を思い出すことだろう。ことサッカーに関する限り、あれは、史上初めてフィールドから社会に向けて送られたメッセージだった。こうした流れが草の根のレベルにまで行き渡っていくことを、切に望みたい。


なぜ日本は決勝に進出することができたのか。人の数だけ答えがあるであろう要因の中から、私はカナダ戦で見せた川口能活のセーブをあげたいと思う。

初戦ということもあって、カナダ戦前半の日本は決してホメられた出来ではなかった。立ち上がりこそ立て続けにチャンスを作ったものの、20分過ぎから守勢に回り、しばらくの間、ほとんどゴール前にクギづけと言ってもいい時間帯が続いた。中でも決定的だったのは、41分、左コーナーキックからデボスにヘディングで合わせられた場面だった。

多くのサッカー評論家は、ワールドカップ史上最高のセーブとして、'70年メキシコ・ワールドカップのイングランド対ブラジル戦における、イングランドのGKゴードン・バンクスがペレの叩きつけるようなヘディング・シュートを右腕1本ではじき出した場面を選んでいる。GKにとっていかにヘディング・シュートを防ぐのが難しいか。特に叩きつけられたシュートを防ぐのがどれほどの至難の業なのか。それを熟知したうえのチョイスだと言っていいだろう。

だが、２００１年５月31日の〝ビッグスワン〟で見せた川口のセーブは、大げさではなく、奇跡のセーブとされたバンクスのプレーに匹敵するものだった。彼は、叩きつけられたどころか、地面にバウンドして跳ね返ってきたボールに対して反応したのである。日本ではほとんど触れられることがないが、ＧＫのビッグセーブは、時として試合の流れを一変させるほど大きな意味を持っている。あの時、試合は０―０だった。フランスで惨敗し、スペインにも歯が立たなかった日本選手たちは、まだ自分たちの実力に見合っただけの自信を手にしていなかった。

だが、致命的な失点は防がれた。あまりのスーパーセーブに毒気を抜かれたのか、相手の攻めからは不思議なぐらい鋭さが消えた。以後、カナダがつかんだ決定機はただの一度もなかった――。

21世紀に入ってからの日本は、一度たりとも相手のゴールネットを揺らしていなかった。そんな状況で先制点を許していたらどうなったか。チームはズルズルと崩壊し、３戦全敗のまま大会を去った可能性が高かったのではないかと私は思う。結果的に日本は２位となったが、２番目に強いチームでは断じてなかった。勝敗を分けたのはごく紙一重の差であり、その紙一重の差を作った一人が、川口だった。

そして、ＧＫが作った試合の流れを自分たちのものに引き寄せたのは、トゥルシエ監督の采配だった。

私はこれまで、悪い流れになってしまうとそれを断ち切れないトゥルシエ監督の采配に強い不満を抱いていた。シドニー・オリンピックのアメリカ戦、アジアカップ決勝のサウジアラビア戦、そして今年に入ってからの2試合などは、ベンチが効果的な動きを見せていれば、また違った試合になったはずだといまでも確信している。ところが、この日のトゥルシエは違った。なんと前半38分、ディフェンダーの上村に代えてストライカーの中山を投入したのである。

トゥルシエが監督になってから、彼が前半で選手を交代させた試合は9試合あった。ただ、アジアカップ予選の対マカオ戦を除くと、すべてはスコアが動いてからの交代だった。コパ・アメリカのペルー戦では、逆転されてから福西を入れて守りを安定させようとした。続くパラグアイ戦でも、三浦淳宏の投入はベニテスに先制点を奪われてからだった。監督の立場に立ってみれば、前半に選手を交代させるのがどれほど勇気がいることかは想像できる。ケガ人が出たら？　退場者が出たら？　しかし、経験豊富な監督たちは、状況によって、スパッと決断できる勇気と自信を持っている。マスコミに対しては威勢のいいトゥルシエ監督だが、彼にはワールドカップで勝った経験がない。口では強気なことを言っていても、根っこの部分で経験と自信がないために、選手交代が遅れているのだと私は考えていた。選手の経験は買うことができないが、経験のある監督は買うことができる。トゥルシエ監督よりもいい監督がいるのでは、と言い続けてきたのはそれゆえである。

ところが、カナダ戦での彼は、それまでの弱気なところを微塵もうかがわせなかった。試合は、まだ0―0だった。やられかけてはいても、0―0だった。日本にやってきてから、彼がまだ一度も動いたことのない場面だったのである。にもかかわらず、彼は動いた。それも、これまた一度もやったことのない、ディフェンダーをフォワードに変えるという、恐ろしく勇気のある交代だった。これが、見事に的中した。

上村が抜けたポジションには、中盤から戸田が回った。同じサイドでコンビを組むのは、エスパルスで気心の知れた伊東である。これで、不安定だった右サイドの守りは安定した。それだけではない。前線に中山が入って2トップとなったことで、日本のミッドフィールダーたちは西澤の1トップだった時より、はるかに多くのパスコースを見出せるようになった。さらに、2トップが前線から相手のボールを追い回したため、比較的精度の高かったカナダのロングボールは大幅なズレを生じ始めた。たった一人の選手交代が、日本とカナダに、かくも大きな影響を与えたのである。

サン・ドニでフランスに惨敗した後、トゥルシエ監督は衝撃を隠せずにいた。何しろ、彼は「フランスは宇宙人のようだった」とまで口走っていたのである。本当の意味での大舞台の経験、それも勝った経験のない彼には、0―4でフランスに敗れたポルトガルの監督のように「今日はフランスの日だったね」と笑って受け流す余裕がなかった。それが、コンフェデレーションズカップまでのフィリップ・トゥルシエという監督だった。だが、カナダ戦での選手交代とそれに伴う勝利は、ついにトゥルシエ監督に本物の自信をもたらした。どれほど経験豊富で優秀な監督にも、未経験だった時期はある。カナダ戦を境に、彼は監督として次のステップに足を踏み入れたのである。

続くカメルーン戦で、まだたった数分しか代表ゲームの経験のない鈴木を、先発として大抜擢した。失敗すれば、順序を飛ばされたと感じるフォワード陣から不満の声があがるに違いない危険な賭けだったが、彼はこの賭けにも勝った。

カナダ戦で日本を救った川口は、スペイン戦の直前合宿に招集さえされず、マリノスの監督だったオズワルド・アルディレスは大いに憤慨していたものだった。川口というGKが、トゥルシエの計算に入っていたとは思えない。カメルーン戦でヒーローになった鈴木にしても、大会直前に東京ヴェルディのディフェンダー、中澤が負傷しなければ、そもそもメンバーにさえ入っていなかった選手である。そんな選手が、日本とトゥルシエを救ったのだから、サッカーはわからない。コンフェデレーションズカップは重要な国際大会だとはいえ、単なる前哨戦にすぎないのも事実である。ここでそんな運を使ってしまって大丈夫かという懸念はあるが、ともあれ、運を味方につけたことによって、トゥルシエ監督が一皮むけたのも、間違いのない事実である。

ＴＢＳの『スーパーサッカー』が実施したアンケートによると、この大会中、トゥルシエ監督の支持率は7割に達したという。私は、勝てば自分の手柄、負ければ日本人のせい、という言動を繰り返してきた人物を支持するつもりはないし、日本サッカー協会はいつでも監督の交代に踏み切れるように、後任の人材を探し続けるべきだとも思う。リードを許した時にどうするかという以前からの問題を、トゥルシエ監督は依然としてクリアできていないからである。

しかし、この大会を境に、トゥルシエ監督が抱えていた問題点のいくつか、それも重大な問題点のいくつかが解消されたことは、素直に認めよう。彼は、いい監督になった。以前よりも、ずっといい監督になった。世界には、もっといい監督がいるのは事実としても。

日本は、これから何をすべきだろうか。

決勝戦での選手たちは本当によく頑張った。フランスと９００分の試合をやれば１００％負けるが、90分になれば少しばかり勝機も出てくる。小雨の降りしきる横浜国際総合競技場で、日本の選手たちはできる限り試合の時間を削り取ろうとしていた。プレーとプレーの間の時間を長く取り、90分の試合時間を89分に、88分に縮めようとしたのである。素晴らしいアイディアだったし、効果的でもあった。しかし、どれほど知恵を絞っても埋めきれない差が、フランスとの間に存在していたのは事実である。あの失点は、今大会素晴らしいプレーを連発してきた川口にとって初めての、しかし明らかなミスによるものだったが、あの失点がなかったとしても、フランスはきっちりと帳尻を合わせていたのではないかという気がする。

私が気になったのは、日本の選手が自陣のサイド深くからボールを運ぼうとする際のミスの多さだった。10年前、20年前に比べると、日本の選手は「ミスをしてはいけないエリア」と「アタックすべきエリア」の区別ができるようになってきたが、自陣のサイド深くというエリアは、そのどちらでもないグレーゾーンとして残ってしまった。ここでプレーする時、日本の選手たちは相手陣内でプレーするよりは慎重になるものの、自陣ゴール前でプレーする時に比べると注意力が散漫になる傾向がある。そして、対戦相手に与えたチャンスの多くは、このエリアでのミスに端を発したものが多かった。私の説明でピンとこなかった方は、スペイン戦での失点を思い浮かべていただきたい。ああいう形のミスが、日本は依然として多いのである。

これは、日常の習癖を引きずっているせいだと私は思う。Jリーグの場合、サイドであればミスをしてもつけ込まれる機会は少ない。そのことが、選手たちから危機感を奪っているのではないかと思うのだ。

問題を解決するには、日常を変えるしかない。今大会に出場した選手たちは、自陣であればどのエリアであってもミスがピンチに直結するということを、痛いほど思い知らされたことだろう。その思いを、彼らにとっての日常たるJリーグに、できるだけ鮮烈なまま持ち込んでもらうしかない。フランスにしてもブラジルにしても、サイドでボールを奪ってからいかに攻めるかという見本をたくさん見せてくれた。攻撃側がそれを取り入れ、自陣でプレーする選手たちにいま以上の危機感を与えるしかない。日本代表選手だけでなく、Jリーグでプレーするすべての選手がそうした認識に達しない限り、日本代表が抱える問題点は、このままいつまでも解決されないまま残っていくだろう。

そして、日本サッカー協会には、２００２年までの間に、もう一度、真剣勝負の場を作るようにお願いしたい。すっかり忘れられてしまったようだが、日本サッカー協会はこの大会の開催に強硬に反対していた経緯がある。今度こそ、自分たちの力で、日本代表を強くするための場を作っていただきたい。

コンフェデレーションズカップ準優勝によって、日本サッカーはさまざまな収穫を得ることができた。しかし、トゥルシエ監督の成功が多分に運に恵まれたものであったように、この大会の成功は、日本サッカー界が意図して呼び込んだものではない。幸運の女神は、微笑む時もあればつれない時もある。２００１年にツイていたからといって、同じ幸運が来年も続くとは限らないのは自明の理である。

（金子達仁）

インタビュー
Philippe Troussier

フィリップ・トゥルシエ 2

Number PLUS「日本代表ベスト16への道」(2002年2月) 掲載

「期待してもらって構わないよ」

日韓W杯の組み合わせ抽選会が行なわれ、グループリーグにおける日本の対戦相手は、ベルギー、ロシア、チュニジアと決まった。'02年初頭に収録された本インタビューでは、本大会までの構想が明かされている。

——いよいよワールドカップイヤーが幕を明けました。

「アケマシテオメデトウゴザイマス」

——あっ、これはどうも。2002年最初のプログラムである指宿合宿がそろそろ始まりますが、目的はどこにあるのでしょうか？

「合宿には海外組を除き、私のグループに所属するほぼすべての選手を招集した。目的のひとつはフィジカルテストとメディカルテスト。別に今年が初めてではない。去年も同じ時期に実施している。

もうひとつはグループの連帯感の強化だ。4年にわたる大きなプロジェクトの総決算がこれからはじまる。そのスタートにあたり、もう一度目的をハッキリさせ全員がひとつになる。結束を高めるための合宿でもある」

——その後の予定はどうなっていますか？

「2月にも2度合宿をおこなう。下旬の合宿では紅白戦を予定している。強化試合が始まるのは3月になってからだ」

——直前合宿と大会中の合宿所を磐田にした理由は何でしょうか？

「磐田が私の望む条件のすべてを満たしているからだ。まず第一に、日本が1次リーグを戦う3会場の中間にあること。つまり埼玉にも大阪にも横浜にも簡単に行ける。

次に静かな環境、秘密の環境を作りやすいこと。セキュリティが確かで、マスコミやサポーターが容易に近づけない場所であることだ。そうでなければ、選手は本当の意味で緊張を解いて寛ぐことができない。だから街中のホテルにはしたくなかった。

ホテル葛城北の丸はプライベートな場所であるうえに、ジュビロ磐田の練習場にも、車で20分で行ける。その点で理想的だった。さらにここは施設が純日本風だ。私は日本人の伝統に根ざした環境が欲しかった。和風の部屋や庭のある落ちつきのある場所だ」

――あなたの好きな富士山は見えますか？

「よく見えるわけではないが、景色は凄くいい。それに富士山に近いのも間違いない。それも私には重要だった。

とにかく100％サッカーに集中できる環境を得ることができた。施設内には小さなグラウンドもある。秘密練習もできる。戦術やセットプレーの練習をするのに、ホテルの外に出る必要がないのもポイントだった」

――では対戦相手について。グループHに入った3カ国をどう見ていますか。まずは緒戦の相手であるベルギーから。

「典型的なヨーロッパのチームだ。選手の多くはフランスとドイツでプレーしている。ロシア同様に経験はとても豊富だ。身体能力、運動能力も高い。その上で連帯意識も強く、コレクティブなプレーをする。

ただし特徴のある選手、違いを作りだせる選手は、ムペンザやビルモッツを除いてほとんどいない。これといったチームの特徴はなく、日本が恐れる必要はない。もちろん十分な観察と分析は必要だが」

――どちらが有利でしょうか？

「彼らも1次リーグ突破を意識し、日本に勝てると思っている。試合はとてもオープンになるだろう」

――ディフェンスに経験豊富な選手を揃えています。破るのは簡単ではないのでは？

「優れたフォワードに対応することに慣れているし、個々がとても強いから、打ち破るのは確かに簡単ではない。しかしわれわれも、同じようなタイプと試合をしている。オーストラリアがそうだし、カナダだってそうだ。カナダ戦も結果的に3点は取ったがスタートはとても難しかった」

――つまりベルギー戦も大丈夫と。

「われわれの特徴が出しやすい。フィジカル面が強いタイプの方が、活発な動きとテクニックを発揮しやすい。日本の戦略に嵌まりやすいチームと言える」

――ロシアはベルギーに比べると、よりテクニカルですが？

「そしてより難しい。選手のレベルはベルギーよりも上だ。しかしだからといって恐れを抱く必要はない。

たしかに監督は決勝トーナメントに進めると断言している。もし失敗したら辞任するとまで言っている。だから全力でぶつかってくるだろう。彼らは初戦がチュニジアだから、日本戦が1次リーグ突破を懸けた試合になる可能性が高い。お互いにとって重要な試合だ」

――特徴のある選手も多いですね。

「特にスペインでプレーする選手たちがそう。ホフロフやカルピン、モストボイ……」

――チュニジアは、典型的なアラブのチームでしょうか?

「国外のクラブに所属する選手があまりいない。日本同様に国内の選手が中心だ。ただし日本よりヨーロッパに近いぶん、フランスやイタリアの影響を強く受けている。サッカー文化は日本よりも高い。ワールドカップにも2度出場しているし、ヨーロッパにも日本よりずっと以前から選手を輸出している。大会に臨むメンタリティも、われわれを上回っているだろう。

しかしわれわれは、3年かけてチームを準備してきた。そして2001年には、世界に追いつくという目標をある程度達成した。われわれも経験という点では、彼らに決して劣ってはいない」

――そのうえ第3戦でもあります。

「そう。対戦相手の分析だけでなく、それまでの結果も考慮しなければならないわけだ。われわれにとってもリーグ突破を懸けた重要な試合になるだろう。となると目的はチュニジアに勝つことではなく、グループHで1位か2位になることだ」

――計算が必要ということですか？

「そうかもしれないが、サッカーで計算は難しい。特にわれわれはまだ若く、計算には頼れない。どうしたら計算通りのプレーができるのか、経験不足でまだよく分かっていない。だから常に100％を出して、最善のプレーをするだけだ」

――4年前のフランスのように、スタートからエンジン全開で戦うべきでしょうか？

「そう。というのもわれわれにとって、第1戦が最も重要であるからだ。この試合に向けて、全力をあげて準備をする。その後の勢いを作りだすうえで、絶対に勝たねばならない試合がベルギー戦だ」

――話をチュニジアに戻しますが、監督のアンリ・ミッシェル（その後、大会前に辞任）をあなたは個人的にとてもよくご存知だとか。

「その通りだが、彼がピッチに立ってプレーするわけではないからね。それに彼もまた私をよく知っている。

実際、ミッシェルはサウジアラビアやUAEでも監督をしている。日本との対戦経験もあるし、日本のサッカーに精通している。

さらに彼にとっては、これが4度目のワールドカップだ。経験は十分。どう準備し、どうやって試合に臨むか。選手のモチベーションをどう高め、彼らをどうすれば落ちつかせられるか。すべてを心得ている」

――彼がどんなチームを作るのか、あなたもよく分かっているのでは？

「その通り。ただしチュニジア戦が1次リーグ突破のための試合になれば、技術・戦術よりも精神面がより重要になる。それまでに突破が決まっていれば、新しい選手を試したりもできるが、そうでなければギリギリの状態で試合に臨まねばならないからね。

そのうえ彼らの状況もある。脱落が決まった後の試合と、突破を懸けた試合では、彼らもまたモチベーションが違う」

――難しいですね。

「ただひとつ言えるのは、1次リーグを突破したら、それは日本にとってすでに大成功であるということだ。あまり多くを夢見るべきではない。

とはいえ今、選手たちは自信を持っている。ファンやサポーターも自信を得ている。我々が夢見る権利を得たことは確かだ」

――ウクライナ戦が3月に予定されていますが、ウクライナは仮想ロシアでしょうか？

「答えはウイ（イエス）とノン（ノー）だ。ウイというのはウクライナがロシアと同じタイプのサッカーをするから。ノンであるのは試合の時期が早すぎるからだ。

ロシア戦は5カ月後だが、ウクライナ戦はJリーグが開幕してまだ2試合後だ。この試合をテストというには、準備が整っていない。どちらかといえば情報を得るための試合であり、経験を積むための試合だ。

日本代表は、これまで3月に良かった試しがない。だからポーランド戦も含め、結果は二の次で経験を得ることこそ最重要だ」

1対1の弱さを補うための戦術

——残り半年ですべきこと、今の日本に最も欠けているものは何でしょう？

「ヨーロッパでプレーする選手が少ないこと。それだけだ。

戦術やコレクティブな部分はまったく問題ない。あとは中田の代わりにジダンが、松田の代わりにテュラムが、伊東ではなくヴィエラが入れば日本はもっと強くなる。中田、松田、伊東と、ジダン、テュラム、ヴィエラの差は、経験の差に他ならない」

——ならばあと7〜8試合で、その経験不足を補えるのでしょうか？

「もちろんだ！　これからの8試合は、選手に経験を積ませ、チームのリズムを作りだすためのプログラムだ。

戦術では、イタリア戦やコンフェデレーションズカップ以上のことはできない。だが伊東はより強くなるだろうし、波戸も内気ではなくなる。進歩は選手の頭の中にある」

——より柔軟になるということでしょうか？

「よりリラックスしてプレーできるようになる。コンプレックスが取り除かれ、自信と落ちつきをもって、プレーできるだろう。去年秋のヨーロッパ遠征でも、セネガル戦は全然自分を出せなかったが、ナイジェリア戦はモチベーションも高く動きもよかった。わずか2試合でも明らかな進歩があった」

——精神面で日本の選手は成長が早いのでしょうか？

「早いかどうかは分からない」

——ヨーロッパやアフリカと比べては？

「彼らよりはまだ下だ。まだ発展途上にある。ただ進歩のスピードは、ヨーロッパやアフリカと変わらない。

要は環境の問題なんだ。つまり日本人も、海外に出ると制約を解かれて自由に振る舞えるが、日本にもどると枠組みの中で自己主張できなくなってしまう。私ですら日本にいるときは、日本人のように（自分を抑えて）振る舞わねばならないからね」

——中村はヨーロッパ行きを希望し、柳沢はワールドカップまで日本残留を選びました。

「日本代表にとって、柳沢が残るのは悪いことではない。ヨーロッパでプレーが出来るならいいが、そうでなければ大問題だからだ。それは西澤がこの1年間に直面した問題だ。高原も常時出場しているわけではない。このうえ柳沢まで試合に出ないとなると、私には頭が痛い。だが彼個人のキャリアという点ではいずれヨーロッパに行くべきだ」

——中村はまた状況が違います。

「彼の問題は代表の中で遅れていることだ。病気でコンフェデレーションズカップに参加しなかった。このまま日本に残っていては、遅れを取り戻す時間がほとんどない。3月までは大きな活動がなく、その後はメンバーを絞っての試合になるからね。だから中村が、この3カ月の間にどこのクラブであってもプレーをすれば、私は見に行き彼と話し合うだろう」

――小野はフェイエノールトでレギュラーをほぼ獲得しています。

「彼の力からすれば当然だ」

――稲本も徐々に出るようになりました。

「小野も稲本も代表に戻ったとき、力強くなっているのがよくわかった」

――しかし中田英寿の状況は、昨シーズンと同じかさらに悪いです。

「中田の問題は彼の能力の問題ではない。優れた才能があるのは間違いないからね。またプレーしないのが問題でもない。プレーできずに悪いシーズンを送る選手など、世界中にゴマンといる。

それよりも心配なのはメンタリティだ。例えば小野は、どのポジションも受け入れたが中田はそうではない。その部分で彼はあまり柔軟ではない。小野のような柔軟性を、彼も身につけるべきだと私は思う。

もちろん中田は、われわれにとって重要な選手だ。フィジカルが強く、日本代表に絶対的に必要だ。ゲームをスタートする選手なのか、フィニッシュする選手であるのかは分からないが……」

――トップ下以外でプレーする可能性も?

「バランスを考えてそれがベストならば、もちろんあり得る」

――地元での大会ということで、日本のスタイルはより攻撃的になるのでしょうか?

「われわれはもともと攻撃的だ。ユース代表や五輪代表を見ればそれはよくわかる。しかしA代表がそこまで攻撃的でないのは、あくまで相手との力関係だ」

――三都主が入り、攻撃のオプションはより充実しました。

「そんなことはない。彼だけでなく本山もいるし、三浦淳宏も同様の力はある。確かに三浦は、メンタリティが私の望むレベルに達していないし、本山は若く成熟度に欠けるが、どちらもポテンシャルは十分だ。三都主が能力的に、彼らより優れているわけではない。大きなプラスアルファではあるが、自動的にポジションが保証されたわけでもない。彼が入った方がチームが良くなるのかどうか、冷静に見極める必要がある」

――相手はある程度守備的にくることが予想されます。カウンターに気をつけるべきでは。

「彼らのレベルでは、チャンスを3回作れば得点できる。そこが8回のチャンスを必要とするアジアとの違いだ。より器用だしそつがない。たしかにカウンターには注意しなければならない」

——失点の場面で目立つのが1対1の弱さですが？

「それはそうだが変えることはできない。日本人は経験が足りず、1対1ではヨーロッパの選手にかなわない。だからこそ戦術的かつコレクティブなシステムを取るべきなんだ。オフサイドを4回取れば、1対1の場面を4回避けたことになるからね。もし4回の1対1を挑めば、恐らく失点を喫してしまうだろう。われわれの戦術は、日本人の1対1の弱さを補うためのものでもある。

かりに森岡がアーセナルかユヴェントスに行っても、彼は1試合も出場できないだろう。監督は森岡ではなくアダムスやテュラムをディフェンダーに選ぶ。だが逆にアダムスが日本代表に入っても、彼は1試合も出場できない。戦術的に私は、アダムスではなく森岡を選ぶからだ。

それはスタイルの違いで、柔道のような1対1のスタイルのサッカーを選べば、日本は確実に韓国よりも弱い。しかしフェンシングのように相手の攻撃を避けながら、こちらの剣を突き刺すスタイルのサッカーならば、日本の方が韓国より強い。われわれのシステムは柔道のそれではない。日本最強のストッパーである秋田を代表に選び難い理由もそこにある。

繰り返すが森岡がユヴェントスに行ってもプレーの機会はないが、森岡は日本代表でイタリアに勝つことも可能だ」

――日本の相手はいずれもウィングを2人置くワイドなサッカーはしないチームです。それは日本にとっていいことなのでしょうか？

「そうしたディテールに関しては、今はまだ語るべきときではない。その質問には答えるつもりはない。戦略を詰めるのは、これから先の作業だからだ。

差し当たって言えるのは相手が中央重視ならば、こちらはサイドが攻撃的になれる」

――あなたにとってもこれが2度目のワールドカップですが、4年前からあなた自身も変わりましたか？

「凄く変わった。'98年は私も経験不足だったし、チームを引き継いだのも大会の2カ月前だった。準備の時間も不十分だった。

日本では3年間同じチームで仕事をし、全員が同じ目標に向かいここまでやってきた。私自身も多くの国際試合を経験し、大試合も戦った。よりリラックスしているし自信も得た。4年前とは比較にならない」

――手応えは感じていますか？

「ああ、もちろんだ。期待してもらって構わないよ」

（田村修一）

密着レポート

メンバー発表から開幕まで

Number 日韓W杯臨時増刊①(2002年6月14日号)掲載

ベテラン中山雅史が復帰を果たす一方、高原直泰、名波浩、そして中村俊輔が落選。本大会を前に行われた代表メンバーの発表は、大きな波紋を巻き起こすことになった。開幕までの激動の日々を、密着取材で追う。

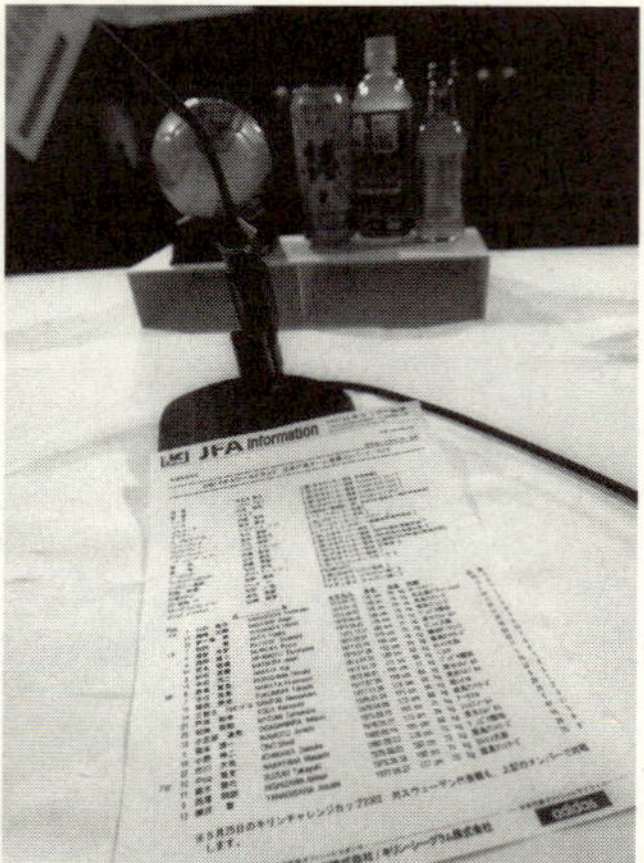

2002年5月17日、午後3時半。本来ならそこにいるべき指揮官不在の中、やや緊張した面持ちで木之本興三強化推進本部副本部長が壇上に上がり、1枚の紙を手に、震える声で読み上げた。

「GK、川口能活、背番号1……秋田豊」

オオッと会場が最初に響《どよ》めいた。

「明神智和……小笠原満男……FW……中山雅史……」

ここで2つの感情がぶつかり合うような声が上がった。精神的な支柱として、またW杯経験者としてメンバー入りが期待されていた中山雅史の代表復帰に対する歓喜の声、そして二人の天才レフティ・名波浩と中村俊輔の落選に対する、驚きと悲しみが混ざり合った声である。

直後に、中村に連絡するも携帯は繋がらなかった。同じく肺動脈血栓塞栓症のため落選した高原直泰は、「（W杯の）初戦にやれる準備をしていただけに悔しい」と、落胆した声で言った。夜に連絡が取れた中村は、「マスコミに話もしたし、自分の中では決着をつけた。そりゃ悔しいけど、なんとなく（落選の）感じはしていたからね。これで終わった、あー終わったって感じ」と、意外なほど冷静な声で話した。彼にとってワールドカップは自分のプレーを披露し、欧州行きを確実にする重要な場だった。しかし、代表ではトゥルシエから陰湿ないじめと悪意に満ちた屈辱を受け、それに耐えねばならない試練の場でもあった。失ったものは大きいが、もう拳を握り締め、耐える必要はない。ただ、中村の行く先々には落選の悲報を聞き、彼以上に落胆している人が多数いた。その度、中村は「みんなが落ち込んでどうすんだよ」と明るく笑っていたが、彼にとってはそういう人たちの落胆の表情が何よりも辛かったに違いない。

テレビ画面には代表入りした様々な選手の記者会見が流れていた。なかでも印象的だったのは秋田豊と中山雅史だ。

発表前、秋田はこう語っていた。

「俺は、Jリーグで毎年優勝争いをやってきてドラマを中山さんと一緒に作り出してきた。そういう厳しい経験があるからいつ呼ばれても大丈夫。チャンス？　代表に入るチャンスがあるとか、ないとかじゃなくてチャンスは自分で作っていくもの。自分は最後の発表の瞬間まで絶対に諦めない」

テレビ画面の中の秋田は、冗談めかして言った。

「(名前を呼ばれた時）ドッキリかと思った」

いつ呼ばれてもいいように調整を続けた男に、サッカーの神は最後に微笑んだ。

秋田と一緒にJの歴史を積み重ねてきた中山は、いつもの軽快でテンポの良い口調は消え、ズシリと何かを背負ったような魂のこもった言葉で心境を語った。ジュビロ磐田では名波、高原、FWでは久保竜彦、山下芳輝らが落選。真摯な姿勢からは、そういった選手たちに対する気遣いと選出された責任の重さがヒシヒシと感じられた。
落選した選手は決して納得はしていないだろうが、中山の姿勢に随分救われたのではないだろうか。高原も「俺が落ちたのは悔しいけど、中山さんが入ったのはすごく嬉しかった。中山さんの精神力とか献身的な動きは、絶対にチームに必要だと思っていたからね」と、まるで自分の事のように喜んでいた。4年前、フランス大会のメンバー発表後、山口素弘は緊張した表情で、「これでようやくチームがまとまって戦うムードに入れる。選ばれた人間だけじゃなく、ここで帰国する選手、日本にいる選手、そしてみんなのために戦う」と語った。中山の緊張した顔が、4年前の山口の顔とダブった。

ここから初戦の6月4日までは親善試合をひとつこなし、あとはコンディションを調整するだけのはずだった。ところがこの短期間にチームを揺るがす事件が起こるのである。

23名が初集合する代表合宿は、5月21日、磐田でスタートした。17日の選手発表への出席をベルギー戦の視察のために拒否した指揮官は、この日の記者会見でも質疑に応じず、約200人の報道陣の前で2分間、声明を読み上げるだけで退席した。この日の会見は質疑応答有りという話だったが、ベルギー戦の視察後、指揮官から「キャンセルしたい」という連絡があり、強化推進本部が説得してなんとか会見だけでも行なうようにしたという。毎度のことだが、自分の地位を利用した身勝手な行為は人間的な信頼と信用を失うばかりだ。

25日、ワールドカップ前の最後の親善試合スウェーデン戦が国立で行なわれたが1―1の引き分け。前半は内容に乏しく、後半はオールスター戦のように選手が目まぐるしく交代し、勝敗を度外視した内容になった。

この試合の最大の注目は、3月から左太腿裏肉離れで長期離脱していた森岡隆三の復帰だった。彼への待望論は5月のホンジュラス戦、レアル・マドリー戦、ノルウェー戦3試合で7失点とフラット3が崩壊した時からますます強くなった。本人もその期待を感じていたのだろう、慎重を期し、段階を踏んで復調してきた。その一方でトゥルシエから「この試合でダメなら考える」と通告され、森岡にとっては最後のチャンスだった。内容は、1失点はしたもののラインを統率し、高さにも対応してセットプレーからの失点も防いだ。結果は、病み上がりにしては上々だったのである。

「早い時間に失点してしまったのは残念だけど、いろんなことが確認できた。カウンターや2列目の飛び出しも注意してできたし、競り合いの部分もだいぶ感覚が取り戻せた。ただ、相手が引いて自分らがキープしている時、後ろで緩急をつけるとか、もっと変化をつけられればと思います。でも、今日はいろんな意味での調整だったんで、あとはコンディションを整えてやれば大丈夫だと思います」

一方、出来が深刻だったのは小野伸二である。右サイドで出場したが居心地悪そうにプレーし、左との視界の違いに戸惑っているようだった。プレーの最中、何度も天を仰ぎ、納得のいかない表情を浮かべた。試合後もいつもの快活さはなく、顔は蒼白で吹出物が出ており、いかにも辛そうだった。

「代表では右はやったことがないし、視野も違うので難しい。それ以上に今、コンディションが悪いというのを感じている。これからドンドン上げていかないといけないけど、1年半やってきて疲れが溜まっているから練習でコンディションを上げたくても、また疲れてしまう。正直、けっこうキツイ。踏ん張りが利かないし、身体が動かない。頭でイメージしたプレーに身体がついていかない感じ。今のままの状態だったら6月4日も自分がピッチに立てるかどうか分からない」

いつも元気で、決して明るさを失わないのが小野だった。J2に降格した時でさえも明るさを失わず、気丈に会見した。しかし、この日は身体から発する元気のオーラがまるで感じられなかった。この時、小野は自らの体内で起こっていることをほぼ理解していたという。シクシクと刺すようなイヤな痛みと奇妙な重さが腹部に残っていたのである。

「今日は、楽しかったすよ」

そう笑ったのは、稲本潤一だ。

この日の試合は、いつもよりもオーバーラップを控えめにして、中盤のバランスを考えてプレーした。アーセナルのチームメイト、リュングベリとも対戦し、お互いに「グッドラック」と、これからの健闘を誓った。

「前に行くのは、今日は抑えるように監督に言われたし、自分が上がった時の裏のスペースを使われるのがあったんで、そこを考えながらやった。それに相手にサイドが研究されていたんで前に出にくかったけどね。でも、よく動けたし、身体はいい感じ。コンディション？　これまで3、4日ハードな練習してきたから今が疲れのピークやと思う。2部練習していたからね。これから本番までの1週間は特別にやることはない。コンディションや病気、ケガに気をつけてやるだけです」

この日は磐田に帰り、翌日に選手、家族、関係者を集めてのバーベキューパーティーをした後、チームは一時解散した。

「合宿は隔離されてますからね。みんな、ビリヤードとかしているけど、僕は卓球と将棋くずしばっかり。でも、最近は2部練習やったんで、昼間は疲れて寝てました。でも、休みは久しぶりなんで楽しみっす」

2日後、稲本は金髪に蒼色を入れたヘアになって磐田に帰ってきた。同じように戸田和幸は真っ赤、中田浩二は金に近い茶色、曽ケ端準は控えめな茶色、松田直樹と森岡隆三は金色、市川大祐も緑を入れた。最強の日本代表は、髪の毛だけは多国籍軍になった。

28日夜、彼ら22名の選手は帰ってきたが、一人だけ帰らなかった選手がいた。

小野である。

小野は、スウェーデン戦後、激しい腹痛を訴え、26日に磐田市内の病院で検査。検査は8時間を要し、一時は西澤明訓と同じ急性虫垂炎など重病説が流れたが、協会は「疲労性の腹痛」と発表した。だが、同日夜、3年前左膝の靭帯断裂の時の主治医がいる川口工業総合病院に検査入院したのだった。

小野はUEFAカップ優勝後、「正直、すごい疲れている。優勝した喜びはあるけどノルウェー戦もあるし日本でも試合がある。ワールドカップまでどのくらいコンディションを整えられるかだね」と、垢のようにこびりついた重い疲労を心配していた。浦和レッズから1年半環境の異なる海外でプレーし続け、リーグ中盤からはレギュラーとしてリーグ戦の優勝争い、UEFAカップを戦い、代表の試合もあった。50近い試合をこなし、肉体的な疲労はもとよりチームに馴染むための精神的なストレスも想像以上のものがあった。それでも試合が続き、緊張が持続している間は良かった。しかし、代表リスト発表や帰国で緊張感が緩み始め、移動や時差、環境の度重なる変化などが体内に積み重ねられた疲労に引火し、異変をもたらしたのだ。

小野は29日夕方に退院し、磐田の合宿所に戻った。「虫垂炎らしい」ということだけで、正確な病名は公式発表されていない。いずれにしても薬で痛みを散らしての参戦になってしまった。それは体内に爆弾を抱えたのも同じだ。

「6月4日にピッチに立つのが楽しみだし、絶対に立たないといけない」と、小野は地元で戦うことを心待ちにしていた。開幕後のピッチに18番がいることを願わずにはいられない。

翌30日、今度は宮本恒靖が静岡産業大学との練習試合で鼻骨を骨折してしまった。幸い2日後には、白いプロテクターをつけ練習に参加。普通に食事もしているようで問題はなさそうだが、試合ではプロテクターで視界が狭まるし、折れた鼻への恐怖感も残るだろう。だが、フラット3を統率できるのは宮本と森岡だけである。森岡も完治したばかりでムリはできない。スペアの利かない二人に〝もしも〟の事態が起こると、フラット3という日本の戦術の根幹を揺るがすことになるのだ。それにしても今年に入ってから選手の発病やケガがやけに多い。高原直泰は4月、エコノミー症候群を発症し、ワールドカップを断念した。西澤も5月上旬に急性虫垂炎で緊急手術。小野は虫垂炎、そして宮本の鼻骨骨折である。まるで何かに呪われているみたいだ。久しぶりに23名全員がピッチに揃ったのは、6月1日、決戦を3日後に控えてのことだった。

ワールドカップ開幕後、選手は試合を見ながら徐々に気持ちを高めてきた。フランスの敗戦に気を引き締め、アルゼンチンの勝利に4年前を思い出した。試合当日は、フランス大会で城彰二が「心臓がバクバクして喉がカラカラになった」と語ったような緊張感を味わい、戦うことになるだろう。優勝、大敗、戦友の落選、選手のケガ、病気などあらゆる苦難を経て4年間の長い準備は終わった。

〝赤い悪魔〟と戦う日が近づいていた。

（佐藤俊）

日韓大会（2002年）

2002 FIFA World Cup Korea/Japan

MEMBER OF JAPAN NATIONAL FOOTBALL TEAM

2002 FIFAワールドカップ 日韓大会 日本代表メンバー

	背番号	氏名	所属(当時)	生年月日	身長/体重(当時)
GK	1	川口能活	ポーツマス/イングランド	1975. 8.15	181/78
	12	楢﨑正剛	名古屋グランパスエイト	1976. 4.15	185/76
	23	曽ヶ端準	鹿島アントラーズ	1979. 8. 2	186/78
DF	2	秋田豊	鹿島アントラーズ	1970. 8. 6	180/78
	3	松田直樹	横浜F・マリノス	1977. 3.14	183/78
	4	森岡隆三	清水エスパルス	1975.10. 7	180/71
	6	服部年宏	ジュビロ磐田	1973. 9.23	177/73
	16	中田浩二	鹿島アントラーズ	1979. 7. 9	182/74
	17	宮本恒靖	ガンバ大阪	1977. 2. 7	176/70
MF	5	稲本潤一	アーセナル/イングランド	1979. 9.18	181/75
	7	中田英寿	パルマ/イタリア	1977. 1.22	175/68
	8	森島寛晃	セレッソ大阪	1972. 4.30	168/62
	14	三都主アレサンドロ	清水エスパルス	1977. 7.20	178/69
	15	福西崇史	ジュビロ磐田	1976. 9. 1	181/74
	18	小野伸二	フェイエノールト/オランダ	1979. 9.27	175/74
	19	小笠原満男	鹿島アントラーズ	1979. 4. 5	173/68
	20	明神智和	柏レイソル	1978. 1.24	173/66
	21	戸田和幸	清水エスパルス	1977.12.30	178/68
	22	市川大祐	清水エスパルス	1980. 5.14	181/68
FW	9	西澤明訓	セレッソ大阪	1976. 6.18	180/71
	10	中山雅史	ジュビロ磐田	1967. 9.23	178/72
	11	鈴木隆行	鹿島アントラーズ	1976. 6. 5	182/75
	13	柳沢敦	鹿島アントラーズ	1977. 5.27	177/75

監督　**フィリップ・トゥルシエ**

2002 FIFA World Cup Korea / Japan
GROUP H

vs. BELGIUM

2002年6月4日 さいたま・埼玉スタジアム
Japan **2-2** Belgium

Number 日韓W杯臨時増刊①（2002年6月14日号）掲載

この引き分けは、満足すべきものなのか。

W杯で初の勝ち点1を獲得

蘇ってきたのは、16年前の試合だった。

私にとって、'86年のメキシコ・ワールドカップは、いまもサッカーを見るうえで判断の基準となっている大会である。凄い試合を見ればブラジル対フランスの死闘と比べてどうだったかと考え、素晴らしい個人技を目の当たりにすればマラドーナの5人抜きを思い出す。よほどのことでなくては観客の熱狂に驚かなくなってしまったのも、アステカ・スタジアムを埋めつくした12万人の観衆や、メキシコの勝利のあと、道という道に人があふれ、時には走っている自動車をひっくり返すほどの乱痴気騒ぎに触れたからだった。

だが、思い出した試合は、16年間、ただの一度も意識の上層に浮かんでくることのなかった試合だった。私は確かにあの試合を見た。両チームあわせて7ゴールという壮絶なゴールの応酬に興奮もした。なのに、あの大会が終わってから現在にいたるまで、なぜか意識の奥底に沈んだままでいた。

その理由が今日、初めてわかった。

思えば、試合の流れを決定づける伏線は、恐ろしく退屈だった前半の半ばに張られていたのかもしれない。

青に染まったスタジアムの、ヨーロッパとも南米とも違う独特の雰囲気に飲まれたのか、立ち上がりのベルギーは信じられないぐらい硬かった。もし彼らがチェコとのプレイオフで同じような試合運び、内容だったというのであれば、私は無条件で「日本が勝てる相手」と断言していたことだろう。だが、トゥルシエ監督はベルギーを警戒していたし、私も、ホームの戦いでなければ勝つのは難しい相手と見ていた。サッカーでは、どれほど優れたチームであっても10回のうち1回ぐらいはどうしようもなく出来の悪い試合をしてしまうことがあるが、この日のベルギーは、まさにその1回に当てはまっていた。

ところが、悪かったのはベルギーだけではない。日本もまた悪かった。もっとも、日本の場合は何かの巡り合わせで悪かったのではなく、自ら望んで試合を退屈にしていたフシがある。中盤でボールを奪い、勝利しか目指していないチームであれば一斉に攻撃に転じるような場面でも、日本の選手の反応はいたって鈍かった。攻撃に転じてカウンターを食らう危険を冒すよりは、チャンスの気配が薄まってでもボールをキープしておこう、との意識が選手たちにはあったのかもしれない。これはこれで十分に理解できる考え方である。私自身、退屈な試合展開に持ち込まなければベルギーから勝ち点を奪うのは相当に難しいだろうと見ていた。

だから、あとになって大きな意味を持ってくるワンプレーがスタンドを沸かせ、すぐにため息をつかせたのは、どちらかのチームに原因があったのではなく、サッカーというスポーツの本質に秘められた〝気まぐれ〟が原因だったような気がする。

ベルギーはおかしかった。日本は負けたくなかった。およそチャンスの生まれそうにない硬直した展開は、しかし前半23分、ほんの一瞬だけ血のしたたるような生々しいひび割れを生じさせた。なんということのない縦パス１本から、鈴木が最終ラインの間をすり抜けたのである。

ベルギーのディフェンダーたちは大いに肝を冷やしたことだろう。独走する日本のフォワードの前には、ゴールキーパーひとりしかいない。独走しているのがバティストゥータであれば、いや、彼らの知る標準的なストライカーであっても、致命的な場面となるのは防ぎようのないところだった。

抜け出した瞬間、私は先制点を予感した。私の知る鈴木が標準的なストライカーよりは上のレベルにランクされていたばかりか、ベルギーの守備陣に弱点があるとしたら、そのひとつはスピードへの対処にあると考えていたからである。ところが、鈴木にも硬さがあったのか、先制点を予感させた好機は、シュートにすらつながらないまま消滅してしまう。懸命に追ったファンデルヘイデンが身体を入れただけで、圧倒的優位にいた日本のストライカーは、あっさりと体勢を崩してしまった。

場内が深いため息に包まれた時、私の後ろに陣取った外国人記者団の間に、含み笑いが広がっていた。第二次大戦中のプロパガンダによるものなのか、はたまた映画「ローマの休日」に出てくる日本人と思《おぼ》しき俳優の影響なのか、日本人が思う以上に、日本人の体格は貧弱だと信じている外国人は多い。鈴木のプレーは、そんな彼らの先入観を強く肯定するものだったからだろう。

同じような侮蔑が、ベルギーの選手たちに芽生えたとしか私には思えない。

57分、ビルモッツのアクロバティックなオーバーヘッドが楢崎の脇の下をすり抜けた瞬間、私は即座に敗北を覚悟した。先制された日本代表がモロいことはわかっている。しかもこの日の日本代表は、攻撃に関するキレがまったくなかった。何もできずに終わった5月のノルウェー戦よりもさらに低調な内容の試合をしているチームが、どうしてワールドカップの初戦で逆転を演じると思えよう。ノルウェー戦になくてベルギー戦にあったのは、観客の圧倒的な後押しだけで、それとて、プラハで最上級の悪役を演じきった経験を持つベルギーからすれば、十分に克服可能なハンデのはずだった。ベルギーに必要だったのは、あと数分、それまでと同じようにプレーすることだけだった。そうすれば、ゴールで沸騰したスタジアムの熱は平常なレベルに戻り、試合は再び膠着した展開に戻るところだった。

小野が敵陣深くに長いボールを入れた時、ベルギーのディフェンダーたちは、ゴールはおろかピンチの到来さえ予想しなかったことだろう。ロングパスをヘディングで流された前半23分の場面に比べれば、自陣に飛んできた山なりのボールははるかに安全に見えた。

伏線が、ここで生きた。

とてもゴールにはつながりそうもないボールを、必死に追ったのは鈴木だった。余裕をもってボールのコースに入ったファンデルヘイデンは、前半23分にやったのと同じことをやろうとした。鈴木の走るコースに腰を入れ、跳ね飛ばしてしまおうとしたのである。

鈴木がスピードのない、標準的なレベルをかなり下回るストライカーであれば、ファンデルヘイデンの対応は間違っていなかった。しかし、鈴木はスピードのある、標準レベルを上回るストライカーだった――。

固まりかけていた試合の流れは、これでドロドロの溶岩のようになってしまった。勇気と活気を与えられた日本は、突如として攻撃の鋭さを獲得し、中盤でボールを奪うと、前半とは比べものにならないほど多くの選手が敵陣へ向けて動きだすようになる。67分に生まれた稲本の逆転ゴールは、そうした日本の出足の速さと、依然としてベルギー選手に残っていた前半23分の残像によって生まれたものだった。稲本がシュートに入る直前、腰を入れようとしてあっさりかわされたのは、ファンデルヘイデンとコンビを組むディフェンスの要、バンメイアだったからである。

「日本がリードするという誰も予想しない展開になってしまったが、我々は素晴らしい精神力を発揮した」

試合後、ベルギーのワセイジュ監督は安堵の色を露《あらわ》にしながら語ったものだった。公式の場で開催国のリードを「誰も予想しない展開」と口を滑らせるぐらいだから、試合前の彼には、この試合に対する相当な自信があったということなのだろう。監督の思いはすぐに選手に伝染する。試合前の自信と、試合が始まってからの焦燥、前半23分の侮蔑と、リードを奪った瞬間の強烈な安堵……日本にとってワールドカップにおける最初の勝ち点1は、自分たちで勝ち取ったというよりも、ベルギー人たちのあまりにも大きな心の揺れによってもたらされたような気が、いまの私にはしている。

試合が終わり、都心へと向かう夜の高速道路を走りながら思い出したのは、16年前、メキシコのレオン市で見た決勝トーナメントの1回戦のことだった。

勝ったのがどちらのチームだったかは覚えている。だが、あれほど興奮した試合だったというのに、頭に浮かんでくる場面がひとつもない。それどころか、先にゴールを奪ったのはどちらだったのか、誰のゴールによるものだったのかも思い出せない。16年間、ひっそりと記憶の底に沈んでいるうちにこびりついた苔が、試合の印象を恐ろしくボヤけたものにしていた。

家に戻った私は、早速ワールドカップの記録集を引っ張り出した。

27分、ベラノフ。56分、シーフォ。70分、ベラノフ。77分、クーレマンス。102分、デモル。110分、クラエセン。111分、ベラノフ。

活字を眺めているうち、ようやくうっすらと映像が浮かんできた。ハットトリックを演じながら敗者となる史上初めての例となったソ連のイゴール・ベラノフが、ゴールネットの中からボールを拾い上げ、全速力でセンターサークルへと戻る111分のシーンである。

だが、それだけだった。どれほど記憶の糸をたぐってみても、ベルギーのゴールは思い出せなかった。

なぜ私はこの試合を16年間も忘れたままでいたのか。なぜブラジル対フランス戦や開催国メキシコのゴールのように、詳細を思い出すことができなかったのか。

あの試合には、ゴールしかなかったからだった。典型的なベルギーの試合らしく、単調な流れの中から、唐突にゴールだけが量産された試合だからだった。

2002年6月4日、日本はついにワールドカップにおける勝ち点1を獲得した。しかし、日本だけに責任があるわけではないにしても、試合の内容がかなりお粗末なものだったのは事実である。鈴木の頑張りは素晴らしかった。稲本の強さも光った。それでも、4年間一人の監督で強化してこの程度のサッカーしかできないのか、との思いを、私はぬぐい去ることができなかった。

テレビをつけてみると、ありとあらゆる番組が「歴史的勝ち点1」と大騒ぎをしていた。セネガルがフランスから奪った勝ち点3は、これからも多くの人の記憶に残る。だが、日本がベルギーと引き分けた試合を、数年後、世界の誰が覚えていてくれるだろうか。

それでも「歴史的勝ち点1」なのだろうか。

同じ日、韓国は素晴らしいサッカーでポーランドを下し、悲願の初勝利をあげた。数年前、明らかに日本より劣っていたチームが、記憶に残るサッカーをやっていた。

それでも、日本人は初めての勝ち点に満足しなければならないのだろうか。

（金子達仁）

2002 FIFA World Cup Korea / Japan

GROUP H

2002年6月4日 さいたま・埼玉スタジアム

前半は0－0。57分にベルギーが先制するが、2分後、小野のロングパスに反応した鈴木が同点弾。67分には稲本がドリブルで持ち込んで勝ち越しゴール。75分に追いつかれ、86分、再度の勝ち越し弾かと思われた稲本のシュートは、ファウルをとられノーゴールに。勝利はならなかったものの、日本は2度目のW杯で、初めての勝ち点1を獲得した。

日本 2 [0-0 / 2-2] 2 ベルギー

日本			ベルギー
12 楢﨑正剛	**GK**	**GK**	デブリーゲル **1**
3 松田直樹	**DF**	**DF**	バンメイア **4**
4 森岡隆三			ファンデルヘイデン **12**
（71分 **17** 宮本恒靖）			ペータース **15**
16 中田浩二			ファンブイテン **16**
5 稲本潤一	**MF**	**MF**	シモンズ **6**
7 中田英寿			ホール **8**
18 小野伸二			ワレム **10**
（64分 **14** 三都主アレサンドロ）			（68分 ソンク **9**）
21 戸田和幸			バンデルヘーゲ **18**
22 市川大祐		**FW**	ビルモッツ **7**
11 鈴木隆行	**FW**		ベルヘイエン **11**
（68分 **8** 森島寛晃）			（83分 ストルパール **20**）
13 柳沢敦			
トゥルシエ	**監督**		ワセイジュ
鈴木隆行（59分）	**得点**		ビルモッツ（57分）
稲本潤一（67分）			ファンデルヘイデン（75分）
戸田和幸	**警告**		ファンデルヘイデン
稲本潤一			ベルヘイエン
			ペータース
			バンメイア

クローズアップ

5 Junichi Inamoto

稲本潤一

「未来につながるゴール」

柳沢敦が倒れながらパスを出した。

稲本潤一は、それを受けると一気に加速してドリブルに入った。視界に入ったのはバンメイアー――上背はあるが横の動きには脆いことを、稲本は前半のプレーで読んでいた。肩をぶつけてきたが、つま先でスッと身体を左に振ると案の定、姿勢を崩して抜けられた。そこには、もうGKの姿しか見えなかった。

DFを抜いたら思い切り撃つ。

そう決めていた稲本は、何の躊躇もなく思い切り左足を振り抜いた。直線的な弾道を描いたボールはGKの手の上をすり抜けて、そのまま突き破る勢いでゴールネットを揺らした。ボールの行方を確かめると稲本は、大きくガッツポーズを取り、明神智和を探した。決めたら行くよと約束していたが、見つからず秋田豊に抱きついた。

後半22分、逆転のゴールだった。

「前半はDFラインからロングボールを蹴って、相手の中盤のコンパクトな部分を間延びさせるという指示が出てた。中盤でのつなぎもできなかったんで我慢の戦いやった」

前半、稲本は自陣の深いところからアーリークロスを出していた。それは、非公開練習のなかで再三繰り返されてきたプレーだった。

「裏に蹴ってこぼれたボールに対して、どれだけいいプレッシャーをかけられるか。それは狙い通りやったけど相手の動きも良くて、考えているようにはいかんかった。ただ、後半に入って、相手が日本の気候に慣れていないせいか運動量が落ちてきたんで、攻められるようになった。応援もすごかったし、そういうホームの利があったと思う」

後半12分、日本は先制されるが、その2分後に鈴木隆行のゴールで同点に追いついた。

「ここでチーム全体が盛り上がったし、自分も前半に比べて、よう動けるようになった。あのゴールも身体がキレてきて動けたから前に行けたし、シュートも思い切り撃てた」

大会前、稲本に不安がないわけではなかった。アーセナルではリーグ戦出場はなく、今年は試合にほとんど出場していない。3月のポーランド戦ではその影響からかゲームの流れについていけず、ミスを連発した。

「確かに試合は出てないけど、やれる自信は常にあるんすよ。でも、ミスが多かったのは確か。ただ、それも代表で1カ月半、調整していけば試合勘は取り戻せるし、身体もキレてきて自分のプレーができると思う」

それは強がりではなかった。日々の練習で自分を追い込んで下半身の安定感と身体のキレを戻し、キリンカップや欧州遠征で感覚を取り戻していった。稲本がこれ程、自己再生にエネルギーを使ったのは、来シーズンの契約問題があるからだ。5月15日でアーセナルとの契約は切れ、交渉は凍結中。完全移籍を狙う稲本はワールドカップでベンゲル監督にアピールする必要があった。そして、初戦で結果を出した。

「1点目のシュートは狙っていないし、蹴ったれと思って思いきし蹴ったら入った。2点目になりそこねたのは、なんでダメになったのか分からない。審判に聞いてほしいです。切り返してシュートなんて、今まで自分の記憶の中にないシュートやったけどね」

——ヒーローになり損ねた?

「ほんまっすね、惜しかったぁ。でも、勝ち点取れたし、負けなかったのが大きい。2点目はロシア戦にとっておいたらいいやないですか。しっかり休んで次に備えます」

強烈なゴールを決めたボランチには、海外プレスも多数、その声を求めて集まった。

「アイ、アム、ベリー、エキサイト。ネックストゲーム、ウィ、ウィン」

ゴールを決めた感想を、と外国人プレスに聞かれ、そう笑った。気持ちに余裕を、身体にはキレを。大会前、抱えていたいろんな不安を払拭し、自信も取り戻した。

頼れる5番が、やっと帰ってきた。

（佐藤俊）

トゥルシエの判断1

ベルギー戦

「日本の特性は攻撃サッカーだが、ワールドカップのようなレベルの高い大会で、どれだけそれを実現できるかどうか……」

前日の会見でこう語っていたフィリップ・トゥルシエだったが、彼が下した決断はアレー（GO）だった。'01年3月に雨のスタッド・ドゥ・フランスでフランスに完敗して以来、常に相手との力関係とチームのバランスとを第一に考え、アジアカップのような超攻撃的オプションの選択には躊躇を見せていたトゥルシエが、4年間の総決算であるワールドカップの第1戦で、彼本来の攻撃的オプションを採用した。

それが可能になったのは、ひとつにはもちろん日本代表の、チームとしての成熟がある。実力的には格上のベルギーが相手でも、ホームでならばアグレッシブに戦える。それだけの力が、今の日本にはある。より具体的には、市川の成長が大きい。今年に入ってから1試合ごとに急成長を遂げた市川の存在が、トゥルシエに左に小野、右に市川という攻撃的オプションを取ることを促したのだった。中山と秋田が最後に合流したとはいえ、チームとはいえ不安もないわけではなかった。ホームでのワールドカップ初戦。プレッシャーは計り知れない。

事実、前半の選手たちの動きは、あちこちに硬さが見られた。世界レベルの経験が最も豊富な中田英寿ですら、プレーにぎこちなさが感じられた。フォワードへの楔《くさび》が入らないために、本来のボール回しができず、ロングボールに頼った攻撃になってしまう。

ところがこれは、トゥルシエの意図でもあったのだ。ロングボールを多用して、意識的に相手の裏のスペースを狙う。長身のディフェンダーを揃えたベルギーには、有効な作戦とは思えない。だが効果はなくとも、敢えてディフェンスの背後を狙わせる。そうすることで、緊張の中でパスを繋いでハーフラインより手前でボールを取られ、一気にカウンターを食らうことを防ぐことができる。

何よりも避けるべきは、先制点を相手に与えることである。そのためには、ディフェンスのブロックを高く保つこと。そうしてさえいれば、大きなピンチを招くことはない。硬さの見える選手たちに、それ以上を望むのは難しいというのが、トゥルシエの下した判断であった。

前半は思いどおりの展開となった。ところが後半に、セットプレーから先制点を許してしまう。が、それが日本の緊張をほぐしたのだから、何がどう幸いするかわからない。ディフェンスの間に早いタイミングでタテパスが送られ、それに合わせて鈴木や柳沢、稲本らが抜け出す。鈴木の同点ゴールも、稲本の逆転ゴールも、そうしたタイミングのよい飛びだしから生まれたものだった。

この時間帯は、完全に日本のリズムだった。ただこの日の日本は、最後まで自分たちのリズムをキープすることはできなかった。

「森岡の負傷退場がなければ、3枚目の攻撃的カードを使っていただろう」とトゥルシエは言うが、皮肉にもこの選手交代によってベルギーは息を吹き返し、再びセットプレーから同点に追いつかれてしまう。

「リードを保てなかったのは残念だが、引き分けは試合内容を正当に反映している」とトゥルシエ。

稲本のゴールが取り消される、不可解な判定もあった。が、「この歴史的な勝ち点1が、日本に自信と勢いを与えた」（トゥルシエ）のは間違いない。

2失点の原因を、ボールの取られ方が悪かったからと、トゥルシエは分析する。そうした修正点が明らかになったという意味でも、また今後の戦いを計算できる勝ち点1を得たという点でも、トゥルシエにとり満足のいく開幕戦であった。

（田村修一）

2002 FIFA World Cup Korea/Japan
GROUP H

vs. RUSSIA

2002年6月9日 横浜・横浜国際総合競技場

Japan 1-0 Russia

Number 日韓W杯臨時増刊②(2002年6月19日号)掲載

別次元へ進化した選手たち。悲願のW杯初勝利を挙げる。

稲本が決勝ゴール。ロシアを零封

宮本の先発出場を告げる場内のアナウンスに、驚きの声は上がらなかった。それが、私には驚きだった。

脳裏にこびりついていたのは、ベルギー戦の終盤にあったワンシーンである。森岡の負傷によって急遽投入された宮本は、すでに70分をプレーしていた他のディフェンスラインのメンバーと明らかに息が合っていなかった。彼だけに責任があるわけではないが、2―1からの同点ゴールは、明らかにラインコントロールのミスだった。

しかし、同点に追いつかれてもなお、宮本は浅いラインを敷こうとしていた。彼はセンターバックとしては決して体格に恵まれている方ではない。ゴール前でのヘディングの競り合いを避けたい、少しでも自陣のゴールから遠いところで相手の攻撃の芽を摘み取りたいとの気持ちは痛いほどわかった。だが、他のディフェンダーたちの考えは違った。70分を戦ったことで、彼らはサイドを深くえぐられないかぎり、大柄なベルギーといえどもさして恐れる必要がないということがわかってきていた。勝ち点を獲得するためには、もう1点も与えるわけにはいかない。日本選手たちがめざすものは同じだった。ただ、そのためにどうするべきかという方法論は、選手によって違った。はっきり言えば、宮本だけが違っていた。

それを、中田が怒っていたのだ。

それが、私には忘れられなかった。

中田英寿が味方を叱責するのであれば、私もそうは驚かなかっただろう。だが、ラインをあげようとする宮本に、血相を変えて怒鳴っていたのは中田浩二だった。幸い、以後、ベルギーの攻撃が日本ゴールを脅かすことはなかったものの、生命線とも言えるディフェンスラインに明らかな考え方の違いが横たわっていることに、私は強いショックを受けてしまった。

だから私は、記者に配られるスターティングメンバーのリストに森岡の名前がないことに気づいた瞬間、思わず素っ頓狂な呻き声をあげてしまった。おそらく、そうした反応は私だけに限った話ではなかったのだろう。通りかかったフリーのライター仲間は、「やっと気づいたのか」とばかりに苦笑を浮かべていた。

だが、間接的に森岡の欠場を伝えることになる宮本の名前に、場内は何の反応も示さなかった。ファンは何の不安も感じていないのか。それとも、不安を押し隠しているだけなのか。その答えを推し量りかねているうちに、キックオフの笛が鳴った。

大舞台で結果を出すことによって、選手はそれまでとはまるで別の次元に足を踏み入れることがある。それは十分にわかっていたつもりだった。しかし、まさか今大会の日本にそうした選手が出現しようとは、率直にいって予想外だった。もちろん、出現してほしい、出現してくれなければ苦しいとは考えていたのだが、これぱかりはいくら願ったところでかなうものではない。私は、この試合をそうした選手が出現しないという前提で考えていた。当然、予想は大苦戦だった。

ところが、信じられないほどの幸運に恵まれたベルギー戦の引き分けによって、日本代表はワールドカップ以前の日本代表とは別のチームになっていた。一人の選手の劇的な変化と、多くの選手の勝ち得た自信によって、日本代表はここ4年間で遂げてきたよりもはるかに大きな変化を遂げていた。試合開始早々、私はそのことを思い知らされる。

前半4分、彼が強烈なミドルシュートを放った段階では、私はまだ「今日は硬さがないな」ぐらいにしか感じなかった。だが、その2分後、小野のフリーキックに飛び込んだあたりで「おや」と思い、27分、中田英寿の左ボレーがバーを越えた時点で「もしや」となった。シュートにつながるボールをゴール前から戻そうとしたのは、本来中田英寿よりも後方に位置しているはずの稲本だったからである。

稲本がまだユース代表の選手だった頃、ガンバ大阪のサポーターは彼に「帝王」なるニックネームを授けていた。彼のプレーを見れば、それも十分に納得できた。「ボランチ」などというブラジルと日本以外では通用しないポジション名で片づけてしまうのが惜しくなってしまうぐらい、その視野の広さと攻撃力、そして存在感は際立っていたからである。

しかし、ここ最近、私は彼がそんなニックネームで呼ばれていたこと自体を忘れかけていた。5月のノルウェー戦やスウェーデン戦での稲本は、まったく存在感がなかったばかりか、ボールにからむ回数からして激減していたからである。アーセナルで試合にほとんど出場していないデメリットを、ワールドカップ直前の稲本は隠しきれずにいた。ところが、ベルギー戦の逆転ゴールと幻の3点目が、稲本を数週間前とは別の選手に変えていた。開幕直前のテストマッチ数試合で私を絶望的な気分にさせた、ボールを奪ってからの反応の遅さは、そんなことがあったというのが信じられないぐらい劇的に変化を遂げていた。21分、右サイドで柳沢がオノプコを追った時、一番早くゴール前への動きだしを始めていたのは稲本だった。その反応は、これまでの日本代表の中ではずば抜けて速かった中田英寿の反応よりも速かった。

中田英寿頼みを危惧されたチームは、たった数日間で、新たな大黒柱を獲得していた。しかも、相棒の変貌ぶりを信頼したのか、稲本が攻撃態勢に入ると、必ずといっていいほど中田英寿は守りを意識したポジション取りをしていた。「パルマでやってきたことが日本代表でも生きると思う」との言葉は、おそらくは中田自身も予想しなかった形で現実のものとなった。

中盤に2つの核をえた日本は、H組で最強ではないかと言われたロシアを相手に、堂々がっぷり四つに組んでの戦いを展開する。前線では鈴木が献身的に走り回って反則を誘い、守っては戸田がウルグアイ人も顔負けの老獪な駆け引きで相手の攻撃をくい止める。もちろん、ピンチがなかったわけではない。32分、39分とヒヤリとする場面はあった。しかし、中国を相手にしたブラジルがピンチを迎えることもあるのがサッカーである。前半の日本の出来は、まず申し分ないものといってよかった。

ベルギー戦の同点ゴールを見ても明らかなように、サッカーでは、流れとは無関係に唐突なゴールが生まれることがままある。しかし、この日のゴールは、前半の流れを受けた必然のゴールだった。中田浩二からのパスが柳沢に通った時、もっとも近い位置、つまりゴールを狙える位置に走り込んでいたのは、前半に何度も反応の速さを見せていた稲本だったからである。守備的なポジションを任されながら、ベルギー戦でつかんだ勢いと自信に身をゆだね、再三にわたって中田英寿を追い越して攻撃参加を試みていた稲本だったがゆえに生まれたゴールだった。

意外だったのは、ゴール直後のトゥルシエ監督の表情である。ベルギー戦では半ば狂乱状態に陥っていた指揮官が、この日は十分に抑制の利いたガッツポーズしか出さなかった。ポーランド戦で先制した直後の韓国・ヒディンク監督の表情に比べると、あまりに無邪気だった数日前の姿はもはやどこにもなかった。彼もまた、ベルギー戦から大きな自信と経験を得ていたということなのだろう。

先制点を奪ったことで、日本選手にはさらなる余裕が生まれ、逆にロシアには、この1点が重くのしかかった。サン・ドニでのフランス戦が典型的な例だが、拮抗した状態が続いているのであれば、このチームは信じられないほどの粘り強さを見せる。しかしこの日、堤防は決壊してしまった。満員の観衆がかもし出す異様なムードに気圧されたか、ドイツ人のメルク主審が吹く笛はやや日本よりで、いきりたつ彼らのハードな肉体接触は、ことごとく日本のフリーキックに変わった。場内が先制ゴールの余韻に揺れていた57分、交代出場のベスチャッツニフが決定的な場面をつかんだのを最後に、ロシアの攻めは鋭さを失っていった。

72分、トゥルシエ監督はまだ十分に動けそうだった鈴木に代えて中山を投入した。戦術的な意味あいはともかく、この交代によってスタンドの雰囲気はさらに盛り上がり、焦りの見えてきたロシア選手たちの精神状態をさらに苦境へと追いやった。この4年間で私が初めて見た、トゥルシエ監督の効果的な選手交代だった。

「ラインをあげすぎないように気をつけてプレーしました」

試合後、記者団に囲まれた宮本はそう語ったという。私は、稲妻にうたれたような思いがした。

私の見る宮本は、トゥルシエ監督の要求にもっとも忠実に応えようとしている選手だった。

だが、この日の宮本は違った。

キャッチフレーズの好きなメディアは、ロシアを0点に抑えたことを「フラット3の勝利」とでも伝えるかもしれない。しかし、この日の日本のディフェンスラインは、断じてフラットではなかった。時に中田浩二が、時に松田が、そして時に宮本が下がり目のポジションを取り、十分に深みのある網を張りめぐらせていた。それが、稲本の変貌と並ぶもうひとつの大きな勝因だった。

これで、日本の勝ち点は4になった。

実をいうと、私の中にはドーハでの韓国戦が終わった直後、あるいはイラク戦のロスタイムに入ろうとしていた時と似た思いが芽生えてきている。ワールドカップって、こんなに簡単なものだったのだろうか、いまの日本が決勝トーナメントに行ってしまっていいのだろうか、という思いである。勝利を願う切実な欲求と、勝利をつかもうとしているのが信じられないという不安が、私の中でせめぎ合っている。

だがこの日、横浜で見た日本代表は、私の知らない日本代表だった。トゥルシエはトゥルシエでなくなり、選手はトゥルシエから自立し始めている。悪い流れではない、そう思いたがっている自分がいるのも事実である。

（金子達仁）

2002 FIFA World Cup Korea/Japan

GROUP H

2002年6月9日 横浜・横浜国際総合競技場

日本は宮本、明神を先発起用。組織的なディフェンスでロシアの動きを封じ込めながら、積極的な攻撃を展開する。51分、中田浩の左サイドからのクロスを柳沢がつなぎ、走り込んだ稲本が先制ゴール。終盤のロシアの猛攻をしのいで、1点を守り切った。悲願のW杯初勝利を挙げた日本は勝ち点4となり、決勝トーナメント出場に向けて大きく前進した。

日本		1	[0-0 / 1-0]	0	ロシア
12 楢崎正剛	GK			GK	ニグマトゥリン **1**
3 松田直樹					コフトゥン **2**
16 中田浩二	DF			DF	ニキフォロフ **3**
17 宮本恒靖					ソロマティン **5**
5 稲本潤一					オノプコ **7**
（85分 **15** 福西崇史）					スメルティン **4**
7 中田英寿					（57分 ベスチャツニフ **11**）
18 小野伸二	MF				セムショフ **6**
（75分 **6** 服部年宏）				MF	カルピン **8**
20 明神智和					ティトフ **9**
21 戸田和幸					イズマイロフ **20**
11 鈴木隆行					（52分 ホフロフ **21**）
（72分 **10** 中山雅史）	FW				ピメノフ **19**
13 柳沢敦				FW	（46分 シチェフ **22**）
トゥルシエ	**監督**				ロマンツェフ
稲本潤一（51分）	**得点**				
■宮本恒靖	**警告**				ピメノフ■
■中田浩二					ソロマティン■
■中山雅史					ニキフォロフ■

クローズアップ

17 Tsuneyasu Miyamoto

宮本恒靖

「フラット3の救世主」

試合後、宮本恒靖がミックスゾーンに出てきた時、手に握り締めたタオルには鼻血が複数の染みになって残っていた。

「相手との衝突で鼻を打たれて血が出たんですよ。すごい痛みもあったし、また折れたかと思った」

58分、宮本はヘディングの競り合いで顔面を強打し、ピッチに倒れた。鼻から脳へ突き抜けるような痛みが走り、鼻血混じりの汗が流れた。70分を過ぎると、ロシアは怒濤の攻撃を見せる。宮本は必死にラインをコントロールし、マークすべき選手を大声で指示した。それでもロシアはルーズボールを奪い、次々とミドルシュートを浴びせてくる。その攻撃はまさに、7日のイングランド—アルゼンチン戦で、終盤アルゼンチンが見せた猛攻そのものだった。その渦中にいながら、宮本は不思議に点を取られる気がしなかったという。むしろ、日本は勝てるという確信にも似た予感が、脳裏をよぎっていた。

残り時間は、まだ10分以上あった。

「準備しておけ」

トゥルシエに声をかけられたのは、ロシア戦の2日前だった。森岡隆三がベルギー戦で負傷し、戦線から離脱したのである。

「ベルギー戦後に、次はもしかしたらっていうのがあった。だから、行ける準備はしていたよ。ただ、あの試合、隆三と交代して出てそれで引き分けになったやろ。勝ち点1は取れたけど、勝てた試合だけに悔しかったし、自分としては期するものはあった。だから絶対に点は取られへん、絶対に点はやらんという強い気持ちで試合に挑んだ」

ベルギー戦での失点の反省を生かし宮本がロシア対策として考えたのは、リスクを避け、2列目を抑えることを最優先に、深めにポジションを取ることだった。

「前の試合は、FWはオフサイドのポジションにいたけど、2列目の飛び出しでやられた。そうならないようにラインを下げてセーフティにしたし、ロシアはミドルシュートを打ってくるので、俺かボランチがブロックにいくようにした。相手のシュートもチュニジア戦ほど正確やなかったし、それはプレッシャーかけにいったからかなと思った」

この試合は、ロシアのリズム対日本のプレスという図式だった。どちらか優った方が主導権を握れる。ロシアのパスが日本のプレスの網にかかり、慌てる様を見て、宮本はFWからの積極的なチェイシングが思いのほか効いていると実感した。だから後半、日本が先制し、ロシアが1トップから2トップに変更しても、出てくる選手はビデオで理解していたし、プレスが効いているので焦らずに対応が出来た。ただ、不安もあった。

「いつ、モストボイが出てくるのか」

その不安はロシアが3人枠を使い切った57分にはなくなった。そして残り10分を切り、日本はロシアのマグマのようなしつこい攻撃を粘りのある守備で持ち堪《こた》えていた。

「終盤に唯一怖かったのは、相手がコンビネーションで崩してドリブルで突破してきた時、ペナルティ内で引っ掛けないようにすること。それさえできれば相手の攻撃スタイルは頭の中に入っていたし、集中力もあったんで大丈夫やと思っていた。終わった瞬間? ホッとした。ゼロに抑えたし、今日は勝てて素直に喜べたね」

——恐怖はなかった?

「ないと言ったら嘘になる。マスクをしてると照明が変な感じに入ってくるので、上を向いた時の視界がうまく確保できへんかった。でも、守備は戦いなんで1対1の場面でも怯《ひる》まず挑んでいけって、トゥルシエに言われたからね。そう思ってファイトしたよ」

ベルギー戦の借りを返し、森岡不在の不安を見事にプレーで払拭し、勝利に貢献した。外国人プレスから〝バットマン〟と呼ばれた宮本は、この日確かにフラット3を救うヒーローになったのである。

（佐藤俊）

トゥルシエの判断2

ロシア戦

「日本サッカーの偉大な瞬間に、当事者として立ち会えたことを、とても誇りに思う」と、フィリップ・トゥルシエは開口一番に語った。

ロシアはベルギーとは、まったくタイプの違う相手だった。フィジカルの強い選手を集め、堅いディフェンスからのカウンターアタックが得意なベルギーに対し、ロシアは身体は大きくともテクニカルで、ショートパスを繋いで攻撃を構築する。1対1の当たりも激しくはない。今は死語となりつつある、トータルフットボールの名残りをとどめた、理詰めのスタイルである。

日本にとって自らのスタイルを貫けるという意味では、ベルギーより戦いやすい相手であった。もちろんそれには、「高い位置からプレスがかけられる」（トゥルシエ）ことが前提になる。4月17日のコスタリカ戦のように、相手に巧みにプレスをかわされては、ズルズルとディフェンスラインを後退させるしかない。相手との力関係で負けてしまえば、得意なスタイルで戦えても何の意味もないのである。
「試合が動いたのは後半だが、勝負のポイントは前半だった」とトゥルシエが語るのは、ロシアとの力関係を推し量り、たしかに戦える手応えを前半に摑んだからだった。その一方で、「プレスでロシアの攻撃を分断し、彼らに攻撃を組み立てさせなかった。われわれは日本らしいボール回しができた」

ベルギー戦からの先発変更は2人。負傷の森岡は、前日練習では元気な姿を見せていたが、当日は負傷者扱いで交代要員にもならなかった。このあたりは、ロシアもモストボイが出場しなかったように、情報戦の領域に属する。

代わってフラット3の中央を務めたのは宮本。フィジカルやスピードよりも、読みと戦術で守るそのスタイルは、「グループHの3つの対戦国のなかでは、ロシアが最も自分の特長を出しやすい」（宮本）のだった。

また右サイドは、縦への突破に優れた市川ではなく、守備能力の高い明神を起用して蓋をする。攻撃も自陣からパスを繋ぐ、日本のスタイルで組み立てる。

プレッシングとパスゲーム。日本とロシアのどちらも最も得意とするスタイルでの勝負は、同時に我慢比べでもあった。90分間、集中力を切らすことなく、プレスをかけ続けられるか否か。組織力に加え、それを維持していくフィジカルと精神力の戦い。先に動いたのはオレグ・ロマンツェフだった。

ロシアは伝統的に、格上の相手との我慢比べ（たとえばスタッド・ドゥ・フランスでのフランス戦）には強いが、格下との我慢比べを苦手としている。日本のプレスの激しさに、辟易《へきえき》していたのは確かだった。

トゥルシエが動いたのは稲本の得点の後、70分過ぎから。激しいプレスで走り回り、疲れの見える鈴木に代えて、ひたむきなチェイシングでは誰にも負けない中山をまず投入。ロシアの攻勢が強まってからは、左サイドの守備の補強に服部を投入した。最後は、体力温存のためと、2度目の警告を避けるため、稲本を下げて福西を入れ、粘り強いディフェンスを最後まで維持させた。

それでもロシアは、しばしば日本のディフェンス網を突破した。が、理詰めのパスワークに対する宮本の読みが冴《さ》える。また決定機を作っても、ロシアのフォワードは決定力を欠き、シュートが枠に飛ばない。守勢一方になっても、紙一重で持ちこたえたのだった。「誰が活躍したといえない。これはチームが一丸となった勝利だ。出場した選手全員を褒めたたえ、祝福したい」とトゥルシエ。

彼が満足の笑みを浮かべたのは、単に日本が歴史的な1勝をワールドカップであげたからではない。その1勝が、4年にわたり構築しつづけた、日本が誇る組織力によって勝ち取られたものだったからである。

（田村修一）

16
10

2002 FIFA World Cup Korea/Japan
GROUP H

VS. TUNISIA

2002年6月14日 大阪・長居スタジアム
Japan **2-0** Tunisia

トゥルシエ采配が的中。無敗でベスト16へ。

脇役が主役に転じた一戦

流れを変えたのは、後半から投入された二人の選手だった。

この日のスタジアムである長居を本拠地とする森島寛晃は、前日から「ホームなんで、出たいですね。もし出られたら何かしますよ」と、笑顔でやる気をアピールしていた。

その言葉通り、出場してからわずか3分。前線で活発に動き回り、スペースを作ると、中田英寿のパスを引き出して、こぼれたボールを見事に決めた。

お馴染みの飛行機ポーズで喜びを爆発させ、仲間から手荒い祝福を受ける。ムードメーカーとして愛される存在のモリシが日本の攻撃に変化を付けたのだった。

ベルギーに引き分け、ロシアには歴史的な勝利を挙げた。チュニジア戦に引き分け以上か、もしくは1点差以内での敗戦で、グループリーグ突破という当初の目標を達成することが可能になった。

しかし、連日の緊迫した気の抜けない試合で選手の疲労もあったのだろう。前半、日本は動きが少し硬かった。今大会初のデーゲームで、体が慣れていないこともあった。そのせいか、攻撃は過去2戦よりも明らかに淡泊で、迫力を欠いていた。そのどんよりした空気を打ち破るべく投入されたのが、森島であり、市川大祐だったのである。

市川は、右サイドから再三、仕掛けた。

ちょうど4年前、フランスまで行きながらカズや北澤豪とともに落選した男である。大物ふたりの前に市川の扱いはごく僅かなものだったが、傷ついた気持ちはベテランも新人選手も同じだ。その日からこの機会を得るべく、捲土重来を期してきたが、オーバーワーク症候群を発症するなど、復帰は困難を極めた。それでも病気を克服し、直前に本職の右サイドをアピールし、ギリギリでワールドカップメンバーに滑り込んだ。見事に4年前のリベンジを果たしたのである。

そのふたりを攻撃に絡め、畳み掛けた日本に待望の追加点が入る。

後半30分、高い位置でボールを受けた市川がドリブルで仕掛けて素早いクロスを入れると、ファーサイドから突っ込んだ中田英寿がヘディングで決めた。相手DFとGKの合間を狙い、中田英の入るタイミングを見計らって入れた精度の高いクロスは、まさに市川の真骨頂だった。

サブ組のふたりが活躍し、ヒーローになったことで、チームは一段と盛り上がり、さらに一体感を増した。

通算2勝1分け、勝ち点7、無敗でグループリーグH組を首位通過。

4年前のフランス大会、3戦全敗で終わった日本から、この快進撃をいったい誰が想像できただろうか――。

（佐藤俊）

2002 FIFA World Cup Korea/Japan

GROUP H

2002年6月14日 大阪・長居スタジアム

ロシア戦と同じメンバーで臨んだ日本は0－0で試合を折り返すと、稲本、柳沢に代えて森島、市川を投入。効果はすぐに表れ、48分、森島が先制ゴール。試合は完全な日本ペースに。75分にはドリブルで切り込んだ市川のクロスに中田英が頭で合わせ、試合を決めた。日本はグループHを1位で通過し、目標としていた決勝トーナメント進出を達成した。

日本	2	0 - 0 2 - 0	0	チュニジア

日本			チュニジア
12 楢﨑正剛	GK	GK	ブムニジェル 1
3 松田直樹			バドラ 2
16 中田浩二	DF		トラベルシ 6
17 宮本恒靖		DF	ブーザイエン 12
5 稲本潤一			(78分 ジトゥニ 20)
(46分 22 市川大祐)			ジャイディ 15
7 中田英寿			ゴズバーン 10
(84分 19 小笠原満男)	MF		ブーアジジ 13
18 小野伸二			ベンアショア 18
20 明神智和		MF	メルキ 21
21 戸田和幸			(46分 ベイヤ 3)
11 鈴木隆行			クレイトン 23
13 柳沢敦	FW		(61分 ムハズビ 7)
(46分 8 森島寛晃)		FW	ジャジリ 5
トゥルシエ	監督		スアヤ
森島寛晃(48分) 中田英寿(75分)	得点		
	警告		ブーアジジ バドラ

2002 FIFA World Cup Korea/Japan
ROUND OF 16

vs. TURKEY

2002年6月18日 仙台・宮城スタジアム
Japan 0-1 Turkey

Number 日韓W杯臨時増刊③（2002年6月28日号）掲載

日本は燃え尽きたのか。

夢への挑戦はベスト16止まり

ベルギーと引き分けることができたのは、相手ディフェンダーの信じられないようなミスが、信じられないような時間帯に出たからだった。先制された試合に1回しか勝ったことのなかったチームは、ワールドカップ予選で先制した試合すべてに勝利してきたチームと引き分けたことにより生まれ変わった。冴えないカボチャは、黄金の馬車へと変身したのである。

チュニジアに勝つことができたのは、トゥルシエ監督の采配があたったからだった。後半開始と同時に、彼は柳沢と稲本を下げ、森島と市川を投入する。引き分けでも決勝トーナメント進出が決まるという状況を考えればかなり強引なメンバー交代だったが、結果的にこれがものの見事に的中する。代わって入った2人の選手は、1人がゴール、もう1人はアシストという最高の結果を残した。

それゆえ、日本はトルコに敗れた。ベルギーと引き分け、チュニジアに勝ったがゆえに、トルコに苦杯を喫した。

日本がトルコに勝つためには、自分たちが先制点を奪うしかなかった。ベルギーを相手に引き分けたとはいえ、リードを許した際のモロさが完全に解消されているはずもなかったからである。ところが、絶対に奪われてはいけない先制点を、日本は自分たちのミスからプレゼントしてしまう。前半12分、バックパスのミスからCKを与えてしまったのも、そこに飛び込んできたウミト・ダバラを完全なフリーにしてしまったのも、これまでの日本にはなかったミス、グループリーグでは相手にしか起こらなかった「考えられないミス」だった。

ベルギーのミスによって日本にかけられた変身の魔法は、この瞬間、突如として効力を失った。ベルギー戦では、先制された恐怖を相手のミスが打ち消してくれたが、同じ轍《てつ》をトルコは踏んでくれなかった。圧倒的な歓喜の直後に待ち受ける魔の時間帯を乗り切られたことで、試合は膠着してしまった。

こうなると日本は苦しい。ロシア戦、チュニジア戦と見違えるようなサッカーを展開した選手たちは、平凡なミスを繰り返す3週間前の日本代表に戻ってしまった。

それでも、前半のうちはまだ日本にも勢いが残っていた。トルコの早い出足に苦しみながらも、この大会で初めてスタメンで起用された三都主が伸び伸びとプレーし、日本にはチャンスを、トルコにはイエローカードをもたらしていく。ベルギー戦でビルモッツにオーバーヘッドを決められた時には恐怖に満ちた沈黙に包まれたスタジアムも、この日はすぐに活気を取り戻し、選手たちにエネルギーを送り続けた。前半41分には、ゴール正面で得たFKを三都主が直接狙い、あと数センチ内側にズレていれば……というギリギリのところでバーに阻まれる。前半が終わった段階では、試合の行方はまだわからなかった。

だが、後半開始のホイッスルを待つフィールドに、三都主の姿はなかった。

サッカーには「勝ったチームはいじるな」という金言がある。最高の形で終わったチュニジア戦を考えれば、トゥルシエ監督がスターティングメンバーを変える必要はあまりなかった。しかし、おそらく彼の脳裏には、怖いぐらいに的中したチュニジア戦の采配がこびりついていたのだろう。あのときも、彼は後半開始とともに2人の選手を入れ換えた。試合の流れを読むのがうまいとはいえないトゥルシエ監督にとって、あの采配的中によってもたらされた快感は、想像を絶するほど大きなものだったのだろう。彼は自分の振るうタクトにまだ魔力が残っていると信じていた。そうとしか思えない、三都主の交代だった。

51分、ペナルティエリア内で鈴木が転倒するが、笛は鳴らなかった。

52分、ゴール前でのこぼれ球を中田英寿が右ボレーで叩きつけるが、ボールはGKの正面をつく。

61分、市川からのセンタリングを西澤がヘッドであわせるが、これまたGKの正面。

前半だけで2ページ半を費やした私の取材ノートに、後半記された日本のチャンスらしいチャンスはこの3回だけだった。前半はまだ残っていた勢いを失い、メンバー交代によって選手間の連係がバラバラになってしまった日本は、さしてトルコのゴールを脅かすこともなく、いたずらに時間だけを消費していってしまう。

スクリーンに映し出される選手たちの表情は、痛ましくなるぐらい必死だった。しかし、スクリーンに目をやらなければ、フィールドから選手たちの必死さを感じ取ることは難しかった。スペイン対アイルランドやドイツ対アイルランド、パラグアイ対スロベニアといった試合ではこちらの胸を押しつぶさんばかりの迫力で伝わってきた必死さが、この日のフィールドからはまるで伝わって来なかった。

試合が終わってしばらくたったいまだからその理由がよくわかる。アイルランドやパラグアイの選手は、個々の必死さが、同じ方向を向いていた。つまり、チームとして同じことを目指し、同じものを獲得するためにもがいていた。11人の想いと方法論が結集していたからこそ、見る者は強い感動を覚えたのである。だが、日本の選手たちは、個々には彼らに負けないぐらい必死だったものの、その方向性がバラバラだった。グループリーグでは、ベルギーのミスによってかけられた魔法が選手と監督を陶酔させ、それが劇的な効果を生んできたが、残念ながら魔法が解けた日本は、限りなく烏合の衆に近い集団となってしまっていた。スタジアムに設けられた無意味なほどに大きな陸上トラックの空虚さが、日本の選手の必死さをさらに希薄なものに感じさせたのは事実としても。

「結果はベスト16だったが、素晴らしい歴史をつくることができた。この4年間は私の誇りだ。私を支えてくれた多くの人たちにブラボーといいたい。日本のサッカーは、世界のレベルに達した」

決勝トーナメントとは思えないほどあっさりと終わった試合のあと、記者会見の場に姿を現したトゥルシエ監督は満足げですらあった。確かに、前回大会の3戦全敗を考えれば、今回のベスト16進出は輝かしい快挙である。4年前、「負けてもいいから自分たちのサッカーを」なる滑稽極まりないセリフがまかり通っていたことを思えば、ワールドカップに対する日本人の意識も劇的に変わった。おそらくは4年後、多くの日本人は再びの決勝トーナメント進出を熱望することになるだろうし、今回に比べればはるかに過酷なその要求が、日本の選手たちを次なる次元へと導いていってくれるのは間違いない。そして、フィリップ・トゥルシエという人物が、日本人の意識を変えるうえで大きな役割を果たしたのも事実である。

だが、何かがひっかかる。

日本の実力を考えれば、ベスト16は悪い結果ではない。断じて、悪い結果ではない。しかし、日本のサッカーにとってはきわめて大きな一歩となる今回の成績に、あまり達成感、満足感を覚えることができないのは私だけだろうか。日本は、日本人の選手は、本当にこの程度の力しか持っていないのだろうか。

ドーハでの敗退に、私は涙を流した。フランス・ワールドカップでのジャマイカ戦が終わった時も、悔しくて涙腺が緩んだ。刀が折れ、矢も尽きてしまい、それでもなお目標に届かなかったことがたまらなく無念だった。しかし、決勝トーナメント敗退を告げる笛が鳴り響いた瞬間に湧き上がってきた想いは、過去のものとはまるで違っていた。

ウソ、だろ?

私には、信じられなかったのだ。こんなにも決勝トーナメントの試合があっさり終わってしまうことが。日本の選手が、こんな終わり方で大会を去ってしまうことが。

日本は、すべての力を出し切ったのだろうか。日本人が持っている誇りを、ポテンシャルを、すべてトルコにぶつけたのだろうか。ホームチームとの対決を終えたトルコは、満身創痍の状態で次のラウンドを戦わなければならないのだろうか。

違う。

空虚な敗北から数時間後、私は信じられない試合を見た。数年前、日本より明らかに実力的に劣っていたチームが、外国人である私にも伝わってくる必死さで、イタリアのゴール前になだれ込んでいた。先制点を奪い、磐石の態勢に入っていたはずの伊達男たちは、猛攻を耐えるのに精一杯だった。ココは顔面をザックリと割り、ついにはトッティがシミュレーションで退場を命じられた。この難関を乗り切ったとしても、彼らには大きな傷が残ることになる——私はそう思った。

イタリアが韓国に苦しめられている。トルコより強いチームが、日本より弱かったチームに崖っぷちまで追い込まれている。それだけで十分信じられないことだというのに、奇跡が、本当の奇跡が、延長戦に待っていた。

安貞桓《アンジヨンフアン》。

決勝トーナメント1回戦で日本は敗れ、韓国は勝った。これだけのことならば、私もさしてショックは受けない。しかし、韓国がやったのが「これが韓国だ」という戦いだったとしたら、日本がやったのは「これがトゥルシエだ」というサッカーだった。そのことが、私を強烈に打ちのめした。

フース・ヒディンクが大会終了後に韓国を去ったとしても、これからの韓国人は、あのイタリア戦をイメージした戦い、チーム作りをしていけばいい。彼らのサッカーは、イタリアのみならず、世界の人たちに完全に認知された。これは、ベスト8に進出したという結果以上に、大きなことかもしれない。

だが、日本はどうすればいいのだろう。4年後のワールドカップで、苦境に立たされた日本人選手は、韓国人選手にとってのイタリア戦のような拠り所を、どこに見いだせばいいのだろう。次の監督は何を目指してチーム作りをすればいいのだろう。

涙は、出て来ない。私は、ただ怖い。

（金子達仁）

N.C
明神

2002 FIFA World Cup Korea/Japan

ROUND OF 16

2002年6月18日 仙台・宮城スタジアム

グループリーグと戦い方を変え、1トップに西澤、1.5列目に三都主、中田英を据える布陣。12分、中田浩のミスパスをきっかけに生まれたCKから、トルコが先制する。日本は後半から鈴木、市川を投入、従来の布陣に戻して反撃を期したが、0－1のまま試合終了。トルコが初のベスト8進出を決める一方、日本はベスト16で姿を消すことになった。

日本 0 [0-1 / 0-0] 1 トルコ

	日本			トルコ	
12	楢﨑正剛	GK	GK	リュストゥ	1
3	松田直樹	DF	DF	ビュレント	3
16	中田浩二			ファティフ	4
17	宮本恒靖			アルパイ	5
5	稲本潤一	MF		ハカン・ウンサル	20
	（46分 **22** 市川大祐）		MF	トゥガイ	8
	（86分 **8** 森島寛晃）			バシュトゥルク	10
7	中田英寿			（90分 イルハン **17**）	
14	三都主アレサンドロ			エルギュン	18
	（46分 **11** 鈴木隆行）			ウミト・ダバラ	22
18	小野伸二			（74分 ニハト **15**）	
20	明神智和		FW	ハカン・シュキュル	9
21	戸田和幸			ハサン	11
9	西澤明訓	FW		（85分 タイフル **14**）	

日本		トルコ
トゥルシエ	監督	ギュネス
	得点	ウミト・ダバラ（12分）
■戸田和幸	警告	アルパイ■ エルギュン■ ハカン・シュキュル■

クローズアップ

18 Shinji Ono

小野伸二

「辛かったが悔いはない」

「早く追いつかないと」

小野伸二はいつの間にか、少しだけ焦っている自分に気がついた。前半12分、中田浩二のミスでCKを得たトルコは、そのミスでやや動揺している日本の隙をつき、ウミト・ダバラがヘッドで、しかもフリーで押し込んだ。

「あれは、僕が浩二にバックパスを出したからああなったんで、僕が前を向いて前にパスをしていれば、あんな結果にはならなかったと思う。だから、すごく残念だし、前を向いてプレーすることの重要性をすごく感じた」

この日の小野は、過去3戦にはない抜群の身体のキレを見せていた。初戦は虫垂炎の影響が出て動けなかった。ロシア戦もまだ厳しかった。チュニジア戦でようやくフル出場を果たし、発症前に近い動きができるようになった。このトルコ戦では、いつもより身体が軽く感じられ、足もよく動いているのを実感していた。だからリードされている中で何とか同点、勝ち越しのゴールを決め、勝利に貢献したいという気持ちが強かった。

「フォワードとの連動した動きが大事だったんですけど」

この日、日本はシステムを変え、西澤明訓を1トップに、三都主アレサンドロと中田英寿が1・5列目に入るという新布陣だった。19分、小野は左サイドから中に向かってドリブルし、ペナルティエリア前でボールをキープした。そして、ペナルティエリア内の左サイドのスペースに相手を思いやるような優しいパスを出した。しかし、ゴールに意識と姿勢が向いていた三都主は、そのパスに反応できなかった。ボールが無人のスペースを転がった。

苛立ちで思わずパチンと大きく手を打った。

「僕の前にいる三都主を生かすというのはずっと考えていました。速い、長いパスに対して走りこむのは、彼の得意なプレーだし、それはチームの今日の約束事でもあったんで。ただ、うまくコンビネーションが嚙み合わなかった。パスを出す僕がもう少し相手のことを考えてあげればよかったんだけど」

三都主も小野も、どんなパスを出し、どこで貰ったらいいか、お互いのスウィートスポットが分からないまま手探りでサッカーをしていた。攻撃の時間は長いものの相互の理解が不足していて、どうしても最後の最後に相手を崩すことができなかったのである。

「何度かいいチャンスを作ったし、いい形で攻められていたと思う。僕も中にドリブルで入ったり、ワンツーで抜けて崩すことをしたかったんだけど、なかなかうまくいかなかった。今までゴールを決めていないんで、何とか点を取りたかったんだけど」

小野は、最後までゴールへの姿勢を崩さなかった。残り5分を切ってもその気持ちは切れず、勝ちたい、ここで終わるわけにはいかないと心の中で叫んでいた。

「絶対に勝つことを考えていたし、とにかく1点取って同点に追いつくことだけを考えていた。負ける気なんて全くなかった」

しかし、無情にもワールドカップの終わりを告げる笛が鳴った。小野の顔はその瞬間に強張《こわば》り、何かに苛立つような憮然とした表情に変わった。何かを懸けていたワールドカップ。しかし、コンディション調整に四苦八苦し、ゴールという結果も残せなかった。それが小野にとっては、チームの敗戦と同様に受け入れがたい事実だった。

「ほんとコンディションが上がってきていて、これから先が楽しみだった。でも、シュートまでいく姿勢をこの大会で学んだし、前へ前へという気持ちがついてきたんで、これをオランダに帰っても継続していければ、僕のプレーも変わると思う」

辛かったが悔いはない、と言った。

4年前カウントできなかったワールドカップは、今回4試合という経験と、これから求めるべきプレーの青写真を、小野の記憶と身体に確かに刻んだのである。

（佐藤俊）

18

トルコ戦

トゥルシエの判断 3

「試合の内容や選手起用・戦術に関しては語りたくない」

ミックスゾーン（取材エリア）に現れたトゥルシエは、記者たちの質問にまずそう切りだした。そしてこの大会に入ってからずっとそうであるように、冷静な表情でこの4年間を振り返る。

「美しい冒険が終わった。日本は大きなダイナミズムを作りだした。このまま成長を続ければ、2006年にはさらに素晴らしい結果を得られるだろう」

そう語りながら、最後まで平静さを保ち続けたところに、トゥルシエの日本での成長が感じられた。恐らくあの場に居あわせた誰よりも、トゥルシエ自身が悔しい思いにとらわれていただろう。

「私は少し野心的すぎるのかも知れないが、明日を最後の試合にしたくはない」

と、前日の会見で語ったトゥルシエは、同時に「新しい血を導入する」とも語っていた。その〝新しい血〟が、先発起用された三都主と西澤だった。

彼の眼には、1次リーグを突破した選手たちが、ほんの少しだが気を緩めているように見えた。気分を引き締めて、セカンドステージに臨む。そこで選ばれたのが、三都主であり西澤であった。もちろん戦術的な意味もある。当たりに強い西澤のポストプレーと、三都主の突破力。トップで起用されるのは初めてとはいえ、三都主にはボディコンタクトと1対1の強さがある。老獪《ろうかい》なトルコのディフェンスに対する、攻撃の起点と突破口に、彼らがなるハズだった。

だがトゥルシエの懸念は現実となる。たしかにこれまでと違い、試合間隔は3日しかなかった。わずか1日の違いとはいえ、4日休めたトルコとは、疲労の回復度が違う。1次リーグでは考えられなかったパスミスや、タイミングのズレに悩まされる。ゲームへの入り方が、明らかにおかしかった。

失点の場面も集中力が欠けていた。中田浩のハカン・シュキュルへのミスパスで与えたコーナーキックから、稲本が他の選手のマークに付いた後ろで、フリーになったウミト・ダバラがヘディングシュート。

「あれですべてのゲームプランが狂った」という失点だった。

試合開始からトルコが攻めてくることは、日本も十分に承知していた。それをプレスでどれだけ分断できるか。そしてスムーズに攻撃につなげるか。しかし期待の三都主も、ポジショニングと判断の遅さに戸惑いが現れていた。

「12分（つまり失点の直後）に、選手交代を考えた」とトゥルシエ。

どこが悪いかは、ハッキリしている。しかし日本は、徐々にリズムを取り戻していった。そしてトゥルシエが実際に動いたのは、ハーフタイムになってからだった。

後半にトゥルシエは市川と鈴木を投入。明神がボランチに入ることで、ボールの繋がりはよくなる。下がる三都主ではなく、前で踏ん張る鈴木が、ディフェンスにプレッシャーを与える。が、トルコのディフェンスは緩まない。ボールへの寄せが早く、日本の選手を自由にプレーさせない。動きだしの早さと運動量で、トルコは日本を上回っている。ボールは持たせるが、チャンスは作らせない。西澤も何本かシュートを打ったが、ディフェンスを崩しきらない場面でのシュートは得点には結びつかなかった。

最後のカードをトゥルシエが切ったのは、86分だった。サイド突破にいまひとつ積極性を欠く市川に代えて、森島を投入。しかし彼のドリブル突破から得たフリーキックで、小野がゴール前に入れたボールを、相手がクリアした瞬間に、日本のチャンスも潰《つい》えた。

「長所も欠点も含め、日本サッカーの全てを見せることができた」とトゥルシエ。

日本とトルコの差。それは大舞台での経験の差であり、踏んだ修羅場の数の差だった。日本代表のワールドカップが、終わりを告げたのだった。

（田村修一）

インタビュー
13 Atsushi Yanagisawa

Number PLUS「永久保存版『6月の輝き』」(2002年8月)掲載

柳沢敦

「何も得るものはなかった」

グループリーグ3試合にスタメンとして出場。
豊富な運動量、的確な判断で高い評価を受けた。
しかし、彼自身はまったく満足していない。
この大会から得るものはなかったと語る男は、
早くも次の舞台へ向けて動き出していた。

その日も、柳沢敦は走っていた。

茨城県鹿嶋市から車で2時間半の福島県Jヴィレッジ。W杯決勝翌日の7月1日から始まった鹿島アントラーズの合宿は、2年目の青木剛と1年目の大谷昌司が「鹿島に入ってから一番きつい」「マジでやばかった」と顔をしかめるメニューが、ズラリと並んでいた。Jリーグ再開前の11日間に詰め込まれたハードなプログラム。横になればすぐ泥のように眠ってしまう重たい疲労のゾーンに、柳沢も、どっぷり浸かっている。

フィジカルトレーニングのピークだった4日午後のメニューは凄まじかった。7種類×30秒のサーキットトレーニングを3セット、加えて、24分前後で走破する6キロ走だ。食が細くなっているだろうなと思いつつ、少し痩せたように見える彼に、声をかけた。

「毎日、あれだけやってますからね」

クールな笑みを浮かべながら、肯定も否定もしない。したたる汗をぬぐおうともせずに宿舎への道を急ぐ。練習着はぐっしょり濡れている。眼の前にある練習メニューに、がむしゃらに打ち込んでいる姿があった。

インタビューはその2日後だった。ベンチで試合終了の笛を聞いたトルコ戦の翌日、多くの報道陣が集まったJAMPSで「まだW杯で起きたことを整理しきれていない」と漏らしていた柳沢。あのとき、戸惑いを隠さなかった彼の心は、今、どこまでクリアになっているのだろうか。W杯イヤーの半年間に見せてきた様々な表情の移ろいは、今、どのように変化しているのだろうか。

——どんな大会でも、互いの名刺代わりとなる初戦は最も重要な位置づけです。その後の自分たちを方向づけるわけですから。ベルギー戦では、日本は相手に先制を許してから2分後に同点に追いついた。その間、わずか2分ではあるけれど、どのような思いでピッチにいましたか。

「点を取られた以上はやっぱり、点を取り返さなくてはいけないということですね。あと、一番いけないのは焦ることなので、焦らないようにと思っていました。強い気持ちは持っていましたよ。時間はあるんだ、という気持ちだった」

——鈴木隆行選手がすぐにゴールを決めました。2分後に追いついたことで、心理面での変化はあったのでしょうか。

「すぐに同点になったので、普通に戦えてはいたと思います。ああいう戦い、先制されて追いつく、逆転する、という経験は今までにもありますけど、それが難しいことなのは分かってましたから。追いついたことで、まだ行ける、という手応えはありました」

——後半、柳沢選手のアシストから稲本潤一選手がゴールを決めて、日本が初めてリードを奪いました。ところがその8分後に追いつかれた。あの後の、試合終了までの15分間は、顔つきにも厳しさが増していて、攻めよう、攻めなくては、という気持ちがほとばしっているように見えましたが。

「負けないことが一番大切だったので、攻撃的にとか、守備的にとか、特にそういう意識はなかったと思います。もちろん、勝てる試合だったかもしれないというのはあるけれど、まずは負けないことでしたから。一番いいのは勝つことだけど、3試合でグループリーグを突破することが大切なわけで、それを念頭に置いて戦っていました」

——例えばアントラーズは、今年2月のアジアクラブ選手権でも4チームによるリーグ戦を経験していますね。

「そうですね。相手が強いから、弱いからという違いはないと思います。いかに4チームの中で勝ち点を重ねていくかという戦術が大切でした」

——ベルギー戦の入り方が、その後のロシア戦、チュニジア戦につながりました。日本は加速する一方でしたね。

「本当のことを言うと、1試合1試合には計算というのはあまりなかった。結果論になってしまいますが、3戦の戦い方に関してはうまくいったと思いますね」

——グループリーグの3試合すべてに先発出場しました。トゥルシエ監督は、以前からずっと、試合当日まで誰が出るか分からないというやり方を続けてきましたが、そのやり方は本番でもそうでしたか。

「そうです。本当に直前のミーティングまで分からないというのが、今までのあの監督のやり方だったので、緊張感がありましたよ。今回も監督が名前を言いながらボードに書いていったのですが、やっぱり出たいという気持ちはありましたし、名前を見たときは出られる嬉しさもあれば、何とか頑張らなくてはという気持ちもありました」

——代表での親善試合で慣れている先発出場でも、W杯では気分が違う?

「いいえ、それはないですね。W杯も他の試合も違いはないです。代表では毎試合、毎試合、先発で出られる保証は誰にもなかったので、緊張感というのは常にありました。W杯の3試合では、トゥルシエ監督が選んでくれているんだ、と思っていました」

トゥルシエが望むのは守備での貢献

2—2というハイスコアドローで、日本に初の勝ち点1をもたらしたベルギー戦。1—0で初勝利を挙げたロシア戦。そして2—0と完勝したチュニジア戦で、グループH1位での決勝トーナメント進出を決めた。3試合が3試合とも、歴史に刻まれる試合だった。日本サッカー協会の岡野俊一郎会長が毎試合前にロッカールームを訪れて残した言葉は、ひとこと「このチームは歴史を作るチームだ」。シンプルなゲキにかなった結果を、2002年のジャパンは残した。

柳沢はベルギー戦で自身の最もいい部分、つまり、動き出しの速さ、的確な状況判断、精度の高いテクニカルなプレーを見せた。それがロシア戦の稲本へのスーパーアシストにつながった。さらに、3戦通じての評価では、興味深い傾向が浮かび上がる。玄人であればあるほど、柳沢のプレーに高い評価を与えているのだ。

——日本で多くの試合を観戦したアーセナルのベンゲル監督は、3戦を通じてピッチでの運動量が多かった選手の一人として、柳沢選手を挙げています。中田英寿選手も大会後のテレビのインタビューで、MVPとして柳沢選手と戸田和幸選手を挙げていました。この、運動量という面については、いかがですか。

「これは戦術的な問題ですよね。トゥルシエ監督の望んでいるプレーというのはね、攻撃だけではなく、守備の面での貢献がすごく求められているんですよ。そうしなければすぐに代えられるというのは分かっていました。戦術の中でやっていた結果が、運動量につながっていたのではないかな」

——日本代表は他の国と比べてもFWの守備の負担は大きかった。もっとFWを攻撃に専念させてくれる監督だったらと思ったことはありますか。

「やはりチームによってやり方が違いますし、その監督の考えるサッカーと言うのがすべてですからね。どういうプレーをしたいのかというのが問題なのではなく、チームのために戦えるかが大切でしたね」

——評価を上げたプレーとして1対1の強さもあります。当たりの強さが増したことと、果敢なチャレンジです。

「あー、それはないですね。僕個人の印象としてはまだまだです。大会前の体作りも、いつもと変わらず、特別なことはやっていませんでしたし。そもそも1対1には色々な場面があるんです。落ち着いてやる1対1もあるし、キープする1対1もある。局面ごとに使い分けなきゃいけないんです」

'98年の岡田ジャパン時代は、代表メンバー発表直前に絶好調だったにもかかわらず、代表には選ばれなかった。今年1月には「あのときは、岡田さんの考える代表チームには入らなかった。サッカーは監督がすべて。だから今回はトゥルシエ監督の選ぶ代表に入るにはどうすべきかを考えている」と話していた。一方で「いい選手は不思議と誰が監督でも選ばれる。そのへんは、よく心得ていたい」とも言っていた。

優れた戦術理解力を示しながら、同時に自分の理想は決して曲げない。柳沢のいいところは、強い信念を決して曲げない頑固さにもある。本人が言うとおり、1対1に対する不満は残っているのだろう。特長であるスピードも技術にも、「まだまだだった」と首を振っていたし、人がどう思おうが自分が感じていることがすべてなのだ。

柳沢が「すべてを握る」という監督は、決勝トーナメント第1戦目のトルコ戦で、彼に出場のチャンスを与えなかった。

——日本代表の解散後、色々な人が柳沢選手の首痛をほのめかしていましたが、実際のところはどうでした。

「チュニジア戦が終わった次の日に痛めてしまいました。15日の練習中でした。突然電気が走ったんですね、ビリッと。接触プレーではないです。まあ、痛かったですね。でもよくあるんです。大したことないですよ。それで、16日は練習に参加しませんでした（この日は北の丸で完全非公開練習）。合流したのは試合の前日ですから、17日ですね。そのときは問題なくなっていたので、行けるというようなことはトゥルシエ監督に伝えましたが。監督からは、『戦術的なもの』と理由を説明されました」

――敗戦はベンチの中で迎えました。どんな感情で眼の前の現実を見つめましたか。

「負けた悔しさと、W杯に対して不完全燃焼みたいなものがありましたね。目の前のことが終わったということで落胆はもちろんありました。でも、1日、2日くらいで次に向けてやっていくしかない、行こうか、という気持ちになりました。試合に出ていた、出ていないは関係ないことです。結果として負けてしまったことに対して無念に思いました。翌日の会見で気持ちの整理がついていないと言ったのは、終わってすぐに〝W杯が終わってどうですかね〟といわれても言葉にはできなかった、ということです」

――今はどうですか？　あれから2週間余りがたちました。あの濃密な戦いの日々のなかで、何を得ることができたのでしょうか。

「大きな舞台でいいプレーをすることによって大きな自信を得るものですが、今回は何を得たかといわれると、何も得るものはなかった。何かを得る、自信をつけるということは本当に大変なんだということですよ。よく、合宿などでも誰かに会えば何かを吸収できるかと聞かれますけど、会っただけで吸収はできない。何かを経験するだけではダメ。自分で何かを得たという実感がなければ、なかなか次にはつながりません」

――例えばロシア戦では、中田浩二選手からのパスを、下がりながら左足ではたいて稲本選手に送るというスーパープレーがありました。これ以上ないタッチでスルーパスを生み出したようなシーンでした。専門家の方々の評価も高かったと思いますが、素晴らしいパスでつむいだ珠玉のストーリーも、自信にはつながらないと。

「ああいうプレーを積み重ねていくことは大切なことではあります。今までマスコミの方に理解されにくいなあと感じていた、自分の考え方とのギャップについては、やっと辛くなくなったというか、まあ、そんなものだろうなと思うようになりましたね。とにかく、このW杯で僕自身が何かを得たという実感がなかったので、逆に、やらなくちゃという気持ちにはなったかな。それだけは、唯一、そうだったかなあ、と」

優勝をもくろんでいたアルゼンチンが7月1日午前まで押さえていたJヴィレッジは、よもやのグループリーグ敗退で2週間分の予定がぽっかり空いた。アルゼンチンが決勝まで進んでいたら、午後に到着するアントラーズの受け入れ時にも慌しさが残っていたに違いない。

しかし、柳沢を待ち受けるホテルの入り口には、バティストゥータやオルテガ、クレスポの写真が並んでいるだけで、いつもの落ち着いた空間に戻っていた。4月の日本代表合宿のときの喧騒とは違う静謐に迎えられ、柳沢は大きく息を吸い込んだ。そして、体をいじめぬくために、Jリーグ優勝にチームを導くべく11日間に足を踏み入れた。

――日本は2勝1分け1敗でベスト16。W杯ランク9位という順位に確定しました。前回は3戦全敗でしたから、4年間で確実に進化、前進を遂げています。今後、さらに上にいくには、どのようなことが必要でしょうか。

「日本代表としては、この位置をキープしながら絶対にこの位置を下げないようにしないといけないでしょうね。個人としても、今のレベルを保ちながらさらに上を目指すことが必要だと思います。大会前はW杯に対して、イメージが湧かなかったし、何でもやってみなきゃ分からないというのが僕の考えでした。頭の中で考えるよりも、やってみるというのが僕のモットーですから」

――ほかの国の試合は見ましたか。

「テレビでちょこちょこ見ていましたけど、決勝トーナメントに入ってからみんなで優勝予想をしたんですよ。僕はブラジルを予想して。ハイ、当たりました（笑）」

（矢内由美子）

16 インタビュー Koji Nakata

Number PLUS「永久保存版『6月の輝き』」(2002年8月)掲載

中田浩二

「自分のプレーは全部出せた」

守備面で大きな貢献を果たすとともに、ロシア戦では稲本の決勝ゴールも演出した。トゥルシエジャパンの代名詞ともいうべきフラット3の一角としてフル稼働した男は、長い大会を終えて、いったい何を思うのか。

七夕の前日、福島の夜。

頬は瘦《こ》け、顔は真っ赤だ。

——顔は、日焼け？

「いや、酒焼けかな。冗談ですよ（笑）」

——トルコ戦後、毎日とか？

「しばらくサッカーを忘れたかったというか考えたくなかった。今年に入ってから、ずっとサッカーばっかりだったから」

トルコ戦以降、中田浩二がサッカーに触れたのは鹿島の福島合宿のために寮に帰り、みんなが決勝を見ている時だった。それまで中田は、意識的に自分をサッカーから一番遠いところに置いてきた。常に冷静にサッカーを語り、片時もサッカーのことを忘れることがなかった中田がサッカーの話題に触れるのもイヤになる。そこまで完全燃焼したのか、と問われれば、そうではなかった。長い合宿と遠征でサッカーへの気持ちが金属疲労を起こしていた。なんとなく終わってしまったトルコ戦の敗戦や、その試合での自分のプレーを考えるにつけ、彼はそういう場所に追いやられてしまったのかもしれない。

「DFは、ひとつのミスが命取りになる」

フラット3の左舷を任された中田は、その言葉を常に肝に銘じてきた。フットボール史上、不変の真理とも言えるその文句を中田は蒼いユニフォームの袖に手を通す度に念じた。もちろん、トルコ戦もそうだった。ただ、試合への入り方がグループリーグの時と少し違った。勢いに乗り、野心に燃えたグループリーグとは異なる空気があった。中田もそのボンヤリと雲が掛かったような雰囲気に取り込まれていた。前半11分、ハカン・シュキュルにミスパスをし、その言葉を自覚した時、流れは微妙に変わっていた。

「あのミスパスは単純に僕の技術ミスだと思う。ハカン・シュキュルが横にいるのは分かっていた。僕自身は戸田君に出したつもりだったけど、真ん中にいってしまった。ダイレクトで出したんでパスがズレて、それでミスパスになった。ただ、ヤバイって思って自分でプレーを切れたことは良かったと思う。あのまま持っていかれて失点していたらほんとまずいなって思ったけど、コーナーにした分、気持ち的にはラクになった。コーナーで競り合って、そこからまた頑張ればいいと思ったら……やられた」

不思議な光景だった。無防備、無抵抗。まさに、そこだけというスウィートスポットにウミト・ダバラが飛び込み、モヒカンの頭を当てた。ゾーンで守っていた日本は、ハカン・シュキュルを強く意識するあまりにペナルティエリア内の全体図を見失っていた。

「相手のボールが良かったというのもあるけど、うちはゾーンで守っている分、どうしてフリーだったんだろうって思った。誰もついていけなかった。でも、もとはと言えば自分のミスからというのもあったからね。まぁハカン・シュキュルに意識が行ってしまった部分はあったと思う。ミーティングでも一番名前が挙がっていたし、ファーサイドかシュキュルかって感じだった。でも、あそこで真ん中というのは考えられなかった」

ただ、早い時間での失点だった。

「だから、全然取り返せると思った。このW杯前だったら気落ちしていたかもしれないけど、ここまでいろんな経験をしてきたから、また一からという気持ちになれた。実際、失点後もみんな落ち着いていたし、ゲームはうまくコントロールできたと思う。ただ、トルコは引き気味になって、うまく自分たちに回させているのかな、っていうのも徐々に感じてきたんで、イヤだなぁと思っていた」

後半、日本は三都主アレサンドロと稲本潤一を下げ、鈴木隆行を入れて2トップにし、市川大祐を入れてサイド攻撃を徹底させた。しかし、攻めてはいるが、なかなか決定的なチャンスを演出できなかった。

「2トップになった時点で前にドンドン放り込もうと思っていたし、競ってこぼれた球を狙っていこうと思っていたけど、トルコが本当にうまく守っていた。放り込んでもハネ返されるだけだったし、ボールもキープはしているけど回しているだけ。このままじゃマズイなって思いましたね。だから伸二の裏を回ったり、上がることも考えた。でも、斜めのクロスには相手はビクともしなかった。だからもっと深いところで、横からセンタリングを上げたかったけど……」

トルコはアウェーでの戦い方を熟知し、徹底し、彼らの肉体と知性と経験でどんな状況にも対応した。シンプルなカウンター攻撃は素早く鋭く、シュートは恐ろしいほど正確に枠に飛んできた。決してテンションを緩めず、一撃で急所を狙うトルコを前に中田はリスクを冒して前に出ることはできなかった。

「カウンターのためにFWが僕の目の前に一人残っていたし、サイドにもう一人いた。松クン（松田直樹）の方はスペースがあって前に行っていたんで、結局僕と恒さん（宮本恒靖）が残って2対2か、松クンと3人で並んでという感じでした。無理して上がることはできなかった。でも、時間が過ぎて点が入らないからイライラして、かといって自分が上がることもできない。後半はずっと我慢しながらやっていました」

トルコは意図的に中田の前に選手を残し、ロングパスと攻撃参加を封じていた。ギュネス監督の脳裏には、コンフェデ杯やロシア戦でのクロスが焼き付いていたのだろう。

「なかなかいいボールを前に出せなかったのは、やはりトルコの守備がよかったから。相手の特徴を消すという部分で巧かった」

駆け引き。長い戦いの歴史と経験が、その術を彼らの身体に浸透させてきた。日本はプロとしての黎明期を過ぎたばかり。愚直に同じ攻撃を繰り返す優等生のような日本のサッカーは、彼らにとって非常に与《くみ》し易かったに違いない。

「駆け引きの巧さっていうのは、すごく感じた。技術とかフィジカル的なものは大して差はないと思ったし、全然やれる。でも、結局、最後のそういうところ、ほんの最後のところの経験の差をすごく感じましたね。僕らはきれいにサッカーをやりすぎた分、相手は読み易かったのかな。ロシアはすごくきれいにパスを回して、きれいに崩すという形があったから、僕らはやり易かった。それと同じことだったような気がするんですよ」

——この差を埋めるには。

「どれだけ厳しい試合をやってきたか、やっていくかということだと思うんです。今まで日本はホームばかりで試合をやってきた。アウェーには多少出ましたけど、そういう試合というのはここ1、2年だけだし。でも、彼らはずっと海外で、クラブチームでそういう厳しい経験をしているし、代表でもヨーロッパの中のレベルの高いところでやっているでしょ。結局は、そういうところの差だったのかなって、今、思いますね」

攻守両面で収穫は大きかった

トルコに敗れた後、中田は他の選手の慰めや励ましを受け付けないほど憔悴し切っていた。ミスや失点よりも、もうW杯で戦えないことが、彼を大きく落胆させたという。

「終わった瞬間は、あぁこれで終わりなんだぁって感じだけでした。終わってしまうことがすごく悲しかったし、もっともっとやりたかったという欲もあったから……」

しかし、前大会の何も残らなかった屈辱的な3連敗から考えると、今回はチームも選手個人も次に繋がる何かを得られた。日本の爽快なスピードとプレッシングサッカーはロシアを倒したことからも世界で注目を浴び、チュニジアやトルコには相当な警戒心を持たせるほどになった。選手も組織戦術の中で自らを輝かせるプレーを披露した。中田も攻守両面において収穫が大きかったという。

「W杯全体では、自分が今できるプレーは全部出せたと思います。攻撃に関してだけど、イナの得点に繋がった、あのロシア戦のパスはまぐれ。別に狙ったもんじゃない。でも、縦にDFラインの裏に入れるパスとかは、良い感じで出せたと思う。裏に出せれば相手に競り負けてもセカンドボールが拾えるし、相手が簡単にクリアできないボールを出して外に出させたり、陣地を奪い返すボールというのも出せる。あとは、FWや前を走る選手には、どういうボールがいいかなって考えていた。W杯の他の国の試合を見てても、ただ蹴るんじゃなくて相手の走っているところに合わせるボールとか、ちょっと前に落として、それをそのままスピードを落とさずに走らせていくボールとか、そういうボールを蹴っていた。だから、自分でも実践してみようかなって思ってやっていました」

自分のイメージ通りのパスを描くことは、中盤のパサーでも難しい。ましてや中田のように、最終ラインから前線に理想的なパスを出すことは容易ではない。そういった完璧なパス以外に、ミスしても足に良い感覚が残るパスがある。そのパスを積み重ねていくことが決定的な1本のパスに繋がっていく。

「自分でも良かったなぁっていうパスは、トルコ戦の時かな。三都主がFKを打つきっかけになったヒデさん（中田英寿）に出したパス。結局、ヒデさんが倒されてファウルになったんだけど、もうちょい前に出せればヒデさんがそのままシュートを打てたと思うんですよ。僕は、シュートを打ってほしかったけど短かすぎた。ほんと、もうちょい良いボールが蹴れたらというのはあったけど、狙いはすごく良かったと思いましたね」

——守備は進歩したと思うけど。

「守備に関しては、ある程度最初からやれる自信がありました。ベルギー戦も相手は放り込んできたけど1対1では負けなかったし。ただセットプレーで同じやられ方をした。だからベルギー戦後、そこだけを修正したらうまくいくようになったんです」

欧州遠征から続いた失点のパターンは、極めて明確なミスからだった。セットプレー後に無理やりラインを上げ、オフサイドトラップを狙ったところを2列目の選手に走られて失点した。状況、相手との力関係を考慮せず、闇雲にラインを上下させる。この頃、彼らはフラット3という戦術を妄信しているようにさえ思えた。しかし、ベルギー戦での同点弾が彼らの目を覚ました。

「ビデオを見ると、すごく日本を研究しているなというのが分かった。今まで日本を研究してくる国はあまりなかったけど、W杯本番になると研究してくるし、そういう弱い部分を点に結びつけてくるというのが、ベルギー戦で本当によく分かった。だから、ラインはリスクを背負ってまで無理に上げる必要はないということを確認して、恒さんを前に出した時は、僕と松クンがしっかりカバーするというふうに徹底した。それがロシア戦で出来たし、0点に抑えられたことはすごく自信になった。それはいろんな相手と試合をして、いろんなやられ方もしたけど、学習したからだと思う。あと守備のやり方すべてを修正するのは難しかったけど、セットプレーの時は意識したからね。そこを修正できたから守備全体が安定したと思います」

——W杯はDF、しかし鹿島ではボランチ。今後、次のW杯に向けてどこで勝負したいのだろう。

「ボランチですね。鹿島でやっているから、見てもらうのはそこだと思う。トゥルシエの時はユース代表から入ったんでDFだったけど、監督が代わり、僕のプレーを見てもらうとなったらやっぱりボランチだと思うんです。だから、ボランチで勝負したい」

——目指すタイプは。

「どっちかというと自分は戸田くんのようなバランサータイプかなと思う。イナは前にガンガン行くタイプだからね。でも、自分としては両方したいんです。両方できれば使われ方とかも広がってくるし、自分ではできると思っているから。そうなるために、もっと前に行く力を上げていかないといけない。ドリブルとか攻撃面でもそうだし、今までだったらバランス見ながら周囲との関係でボールを取ったりというのがあったけど、自分一人でも取っていけるように、前にどんどんプレッシャーをかけていきたい」

中田の今後の課題は、W杯でのプレーの精度を高め、少しばかりのナイーブさからくるミスを限りなくゼロに近付けること。そして、彼自身が刺激を受け続けることだ。

「イナはドリブルとかすべてが巧くなっていた。試合に出られなくても、厳しい環境でプレーすれば巧くなることができる、というのを感じた。だから、チャンスがあれば海外に出たい。得るものはすごく多いと思うから」

もうひとつ克服すべきものがある。

トルコ戦で目を覆うばかりに露呈したのは日本のフィジカル面の急降下だった。それを克服できれば、グループリーグ首位の勢いのまま戦い、涙することもなかったかもしれない。そのことを鹿島のトニーニョ・セレーゾ監督は見抜いていたのだろう。7月、中田は猛烈なフィジカルトレーニングの中にいた。

今大会、無尽蔵のスタミナを手に入れた韓国の選手たちは、スピードと絶え間ないランニングでパワー溢れる強豪たちを倒していった。中田の聡明さと適応力には何の疑いもない。25試合の世界経験もある。あとは稲本のように前に出るフィジカルパワー、90分間続くランニングとプレスができる体力が身に付けば、集中力の持久性も高まる。中田は、新指揮官にこう囁かれるはずだ。

君は、もう最終ラインの選手ではない。

（佐藤俊）

22 Daisuke Ichikawa

インタビュー

市川大祐

「能活さんにかけられた言葉」

Number PLUS「永久保存版『6月の輝き』」(2002年8月)掲載

長い雌伏の時間を過ごした男にとって、W杯のピッチに立つ喜びは格別だった。それだけに敗戦のショックも大きかった。川口能活に優しい言葉をかけられて、彼の目からは大粒の涙が溢れだした。

センタリングを上げた時、ボールがちょうどディフェンスの後ろに流れていったから、相手と重なって見えなかったんですよ。だから、そのあとでヒデさんが飛び込んできて、ボールがGKに当たったのが見えて、「あ、入ったのかな」って。で、パッとゴールの方を見たら入っていた。もう、そのあとは何がなんだかわからなくなって……。

仲間に向かって駆け出していた。

チュニジア戦。グループリーグ突破を決定づけた中田英寿の追加点。その頭上に絶妙のボールを流し込んだ右足の持ち主は、苦難の時を経て、ようやく歓喜を爆発させた。

日本人国際Aマッチ最年少出場記録を持つ市川大祐にとって、日韓W杯は意外にも、初めての世界大会となった。

5度目の正直というか、何というか……。U―16はアジアで負けたし、'98年のフランスも、ワールドユースも、そしてシドニー五輪もダメでしたから。来るチャンス、来るチャンス、すべて手からすり抜けていきましたからね。それも、候補で呼ばれては、落とされて、呼ばれては落とされての繰り返し……。でも、その度に悔しさに慣れてしまうことはできなかった。だから、代表から外れるたびに、サッカーの神様が「まだ足りない、もっとやれ」と言ってるんだな、と思って練習に取り組んでいました。

去年は自分としても最高のシーズンでした。W杯の前年ということで、〝普通に〟いいプレーをしていても代表には選ばれない、だから〝スーパーな〟プレー、〝飛び抜けた〟プレーをしようと思っていたのが、いい結果につながったのかもしれません。「なんでアイツを入れとかなかったんだ」と思われるようなプレーを見せなきゃって思ってた。

でも、去年の11月にイタリア戦がありましたよね。その時、自分としても本当に調子が良かったし、結果も出ていたから、絶対に呼んでくれると思っていたんです。それが、チームの人から「また、こぼれた」という電話が掛かってきて。本当にガックリ来ました。チームの人も言いづらそうで、「今回もダメだったよ……」と。それで、毎回言われるんです。「また、次があるから」と。じゃあ、俺の〝次〟は、いつなんだ！　と、いつも思ってましたけどね（苦笑）。


日本代表では、左サイドを攻撃的に、右サイドを守備的にというスタイルがいつの間にか定着していた。また、トゥルシエが選手たちに複数ポジションをこなすことを要求しているのも、右サイドしか選択肢を持ち合わせない市川には逆風のように思われた。

もちろん、複数のポジションができるのはいいことだと思うし、チャレンジしたいなとは思うけど、ひとつのポジションでスペシャリティーを持っているのも、ものすごく強いことだと思うんです。経験が力になるわけで。だから、自分にはこのポジションしかないけれど、何かひとつ特別なものを持てば絶対にイケると思ってました。だからこそ、去年、アーリークロスとかを自分のものにすることができたんでしょう。自分にとっても自信になったし、プレーの幅が広がりましたね。

ただ、代表のスタイルは気になってました。ボランチの選手が右をやってましたよね。だから、ああ、自分の場所はないのかな、自分のプレースタイルは代表に合ってはいないのかな、と思って。でも、そういう型にはめられてプレーするよりも、自分のすべてを出して納得できればダメでもいい、その方が悔いが残らない、と思ってプレーし続けていました。それがきっと、いい方向に出たんだと思います。

出番は、突然やってきた。3月21日のウクライナ戦のメンバーに、ついにその名を連ねる。'98年4月の韓国戦に出場して以来、実に4年ぶりとなるA代表選出だった。

いつもは暗い顔で近づいてくるチームの人が、笑顔で寄ってくるんです。「イチ、今度は入ったよ！」って。嬉しかったですね。やっと、〝候補〟が取れたんだなって。4

年もかかっちゃったけど……。

ウクライナ戦は、まずまずでした。ポーランド戦は自分でもやれたと思うし、手応えもあったけど、そのあと日本に帰ってきてからの調子が悪かったので、（メンバー選出は）最後までわからないな、と思ってました。

発表の日は、テレビで観てました。最初はチームの人から電話とか掛かってくるのかなと思ってたけど、結局、電話は鳴らなかった。あ、これはテレビだなと思って、母と一緒に自宅で観てました。そのうちMFの順番になって、どんどんドキドキしてきて、どんどん名前が呼ばれていって、ああ、中盤はこれで終わりかなと思ったら、最後に自分の名前が呼ばれました。

母は、泣いてました。僕以上に、本当に驚くほど喜んでくれて。いつも落ちても何にも言わない親だったんですけど、その時だけは本当に喜んでくれた。だからそれだけ、いつも心配かけてたんだな、と思って……。

犬が首輪を外された時のような

2002年6月4日。暮れなずむ埼玉スタジアム。ベルギー戦。試合開始の笛とともに、市川は敵陣へ一直線に走り出した。喜びに満ちていた。右サイドを爆発的に駆け上がる市川の姿は、この4年間ため込んでいた感情を、一気に解き放っているかのように見えた。

あれですよ。犬が広場に連れていかれて、首輪を外された時のような（笑）。とにかく、まず一本走りたいなあと思って走りました。気持ち良かったですねえ。

スタメンを言われたのは、試合直前のミーティング。自分の名前が呼ばれた時に、もう自分を信じてやるしかないな、と自然に思えました。

試合会場に着いてアップをする前に、秋田さんから声をかけてもらったんです。「4年分をしっかりぶつけてこい。4年前と比べたら、オマエ、すごい成長だぞ」って。「4年分」という、その4年前を一緒に戦った人、4年前を知っている人の言葉だし、尊敬している秋田さんがそう言ってくれたので、もう嬉しくて嬉しくて。もちろん緊張もすごくしていたんですけど、その言葉を聞いた時に妙に吹っ切れたんです。「そうか、4年分をここにぶつければいいんだ」って、すごく楽な気持ちになれました。

ベルギー戦は自分でも気持ち良くやれたし、攻撃面でも、よく飛び込めていけたと思います。ただ、ラインの上げ下げを上手くできなくて、僕だけが（オフサイドのラインから）一枚残って失点してしまった。ほんの少しのミスが失点につながってしまうという世界の怖さを思い知った試合でもありました。翌日のミーティングでは、かなり怒鳴られましたよ。僕と松田さんです。「これじゃ、ジュニアだ」とか言われて。2時間くらい。もちろん、トゥルシエにです。失点に絡んでしまったという気持ちは強くあったので、それを返さなきゃという思いが強く残りました。

挽回を誓ったロシア戦。出番はなかった。そして後半から途中出場したチュニジア戦。待ち続けた男は、ようやくその時を迎えた。

ロシア戦、やっぱり日本にとって歴史的な1勝だったし、勝ったことは本当に嬉しかったけど、その瞬間に自分がプレーしていなかったという悔しさはありましたね。ただ、前の試合で失点に絡んでいたから仕方ないな、という思いはありました。

チュニジア戦の時は、前半の残り10分くらいになった頃「準備しておけ」と言われました。試合展開もなかなか攻め手が見つからなくてチームもジリジリしてましたから、これは自分でもチャンスだな、と思っていました。

ハーフタイムの時、ロッカールームで名前を呼ばれて「チャンスがあったらどんどん前に飛び出せ」と言われました。監督も「周りの選手も市川の特徴はわかっていると思うから、ボールを前に出してどんどん使え」と。ビックリしました。ウクライナ戦の頃は、守備40、中盤30、攻撃30で行け、とバランスを求められていたのに、今回は「攻めろ」と。これは思いっきりやるしかないな、と思いましたよ。

ヒデさんへのクロスは、自分でああしようと思ってやったわけではなかったんです。あの状況で、僕は何も考えないでやっていた。あそこでボールをまたいで、相手を抜いて、こう上げよう、なんて思わずに。

普段はだいたい考えてからプレーするんですけど、あの時は違いましたね。体が勝手に動くというか。本当に不思議でした。

だから、その前のフェイントとかステップはあんまり覚えていないんです。あとでテレビを観て、ああこんなことやってたんだ、と。でも、センタリングを上げた時のことは覚えてる。その瞬間は、自分の中でもスローモーションのようにゆっくりと流れていました。

H組を1位で突破した日本は、ベスト16でC組2位のトルコと対戦する。CKからの失点で1点のビハインドを負った展開に、市川は再び後半から投入された。

しかし、その41分後には再びベンチに退いた——。

自分でも、チュニジア戦のいいイメージを持っていましたから、チャンスは絶対に来ると思ってアップをしていました。でも、トルコは外から見ていた時のイメージとはだいぶ違っていましたね。中盤でのプレスが非常に効いていて、左サイドのボールがなかなかこちらまで回ってこない。こっちにボールが来た時も相手のプレッシャーがすごく速くて、結局、何もできなかった。

途中交代……そうですね、ものすごく悔しいのと、情けないのと、入り混じってました。悔しいというよりも、情けなかった。

試合が終わってからチームのみんなとグラウンドを回ってる時も、やっぱり情けなくて、悔しくて、「なんで自分はこんなにやれなかったんだ」と考えていた時に、川口能活さんが後ろから肩に手を回して声をかけてくれたんです。「悔しいよな。この思いは、4年後にしっかり晴らそうな」と。能活さん、1試合も出てなかったじゃないですか。その能活さんが、そんな言葉をかけてくれたなんて、モロに涙が出てきて。もう、抑えきれなかったですね。

号泣から一夜。市川は会見で、こう言った。

「自分の本当の目標はW杯〝優勝〟。その夢も、無理だとは思わなくなった」

力強く、言い切った。

大会前にはもっと世界の壁があると思ってたし、自分の力を100％出したとしても、何も通用しないかもしれないと思っていた。けれど、自分で通用するところも見えたし、自信もつきました。実際のところ、トルコだって勝てない相手じゃないと思ったし。

ただ、同時に足りないものも感じました。ボールに対する執着心、強さ、激しさ。特に筋力アップが必要だと思う。今回プレーしていて強く感じたのが、外国人選手の腕の強さ。コーナーキックで上がってきたベルギーの選手に、僕の行こうとする方向を簡単に止められてしまったんです。しかも腕だけで。

海外は、もちろんチャンスがあればやってみたい。今の生活は、何ひとつ不自由ないものだけど、これでは厳しさというものが出てこない。厳しい環境に身を置くことで自分を成長させたいなと思っています。そうすることでしか出てこないものってあると思うし。

世間はジーコ、ジーコと騒いでいるけど、僕は今、まったくそれに興味がないんですよ。代表に関しては。もう今大会が終わった時点で、すべてが振り出しになったと思う。一からのスタートです。だから、代表監督が誰になろうが、自分のやることに変わりはない。だから、周りが騒いでいても自分にはまったく関係ないんです。

みなさんに、よく「4年後も頑張って」と言われるんですけど、4年後のことはわかりません。サッカーをやっている選手は日本にたくさんいて、その選手全員がW杯に出たいと思っている。ドイツ大会のことばかり考えていたら、足元をすくわれると思う。

今回W杯に出場してみて、一日一日の積み重ねが本当に大事なんだな、と感じることがきたんです。だから、今回、感じたことを一日一日、生かしていくしかない。一歩一歩、足元を見据えていけば、その先にドイツ大会が見えてくると思うから。

今回のW杯は、市川にとってどんな大会だったのだろうか。

そうですね……目標としていた舞台だったし、求めていた場所だったので、そこに立ってプレーできたことは幸せだったし、楽しかった。だけど、大会を通じて自分に足りないものを強く感じることができたし、もっと強くなって、もっと質の高いサッカーをあの舞台でやりたいと思いましたね。舞台は最高なんだから、その舞台にふさわしいプレイヤーになりたい、と。

もっとレベルアップして、あの舞台にふさわしい選手になって帰ってきます。あそこまで熱くなれる大会って、ありませんから。

（乙武洋匡）

21 インタビュー Kazuyuki Toda

Number PLUS「永久保存版『6月の輝き』」(2002年8月)掲載

戸田和幸

「死んでもいいと思ってました」

トルコ戦終了の笛を聞いた瞬間、赤毛の男は人目をはばからずに、ただただ号泣した。常にギリギリまで己を追い詰め、限界に挑み続けた辛苦の一年間を経て、最高の舞台で光を放った男の独白。

僕のW杯は3月のウクライナ戦から始まっていました。今振り返ると、僕の中では本番も国際親善試合も差がないんです。緊張感も全く変わらないし自分の意識が一緒だから、全部が本番でした。ギリギリのところまで気持ちを張り詰めてやっていたので、親善試合の方がよっぽど緊張していましたし、ヨーロッパ遠征の2週間は相当悩んでいました。

ホンジュラス戦に出場しなかったことと、時差のせいかコンディションがよくなかったんです。チームでの練習も多くなかったので、部屋で筋トレばかりしていました。事実、ノルウェー戦はスタメンではなかったので、評価が落ちたんだと思いました。悔しかったですね。でも絶対にチャンスがくると信じていました。後半から出場して、試合の流れを変えられたことは自信になりました。自分のやってきたことが、間違っていないという確信を持てたことが大きかった。W杯直前のスウェーデン戦は変な不安なくできました。この時期に悩みを払拭して結果を出せたことが、僕のW杯でのプレーを決めたんだと思います。(五輪代表の時は最後に代表から外れたが) 今回は代表落ちすることに対する危惧や不安はありませんでした。開き直れていましたね。もちろん絶対に出場しなくてはいけない大会だと思っていたので、全力で努力しようという覚悟でした。

代表に選ばれたことを聞いても喜びはなかったです。そこから始まるわけですから、そこで喜ぶべきじゃない。だから大会に向けてどうするか、ということしか考えていませんでしたね。

選ばれなかった選手のことは考えました。でも、選ばれた時点で、選ばれた人が選ばれなかった人にかける言葉ってないんですよ。そういう全ての気持ちを背負ってやっていかなくてはいけないものですし。だから死ぬ気でやってやろう、と思っていました。

それから開幕までは個々の選手がそれぞれどういうプレーをするのかを分かり合わなければいけないと思っていました。どの選手にも疑問がないように、確認する作業ですね。

ベルギー戦／一番大事なことは……

初戦前夜は、ホテルの部屋から埼玉スタジアムを見ていました。Ｊリーグの試合前とは違いましたね。同じ気持ちでやっているつもりなんですけど、舞台が違うからでしょうか。ただ、興奮というよりは、このために俺、生きてきたんだなという感じがありました。

実はベルギー戦のアップをしているとき、不整脈になったんです。脈拍は（1分間に）200回を超えていたと思います。それで、ドクターに首を思い切り絞めてもらって、どうにか回復したんです。監督には内緒にしていましたが、スタンドから観ていた母には分かったらしく、心配をかけてしまいました。

実際にW杯のグラウンドに立ってみて、それほど緊張もしなかったし、気負いも大きな感動もなかったです。ベルギーに勝つことしか考えていなかったですね。

前半の早い段階でヒデさん（中田英寿）がケガをしたんですが、本人が痛がるところを見せなかったので、僕は試合中知らなかったんです。あれは右足でしたし、大したもんですよ、あの人は。彼が同点にされたり、負けているときにいなくなったら、大きいでしょうね。無意識の部分で、ヒデさんはいるだけで頼りになる部分がありますから。彼はやっている環境が違うので、自分と同じようには考えられないんですよね。だから、常に色々なものを吸収できたらいいなと思って接していました。言う言葉は他の選手と一緒でも重みが違うし、彼のポジションで全体が見えていて、こういう指示も出せるんだという驚きもありました。僕は色々注文をつけられましたね。３バックでラインの動きをしていると、どうしても中盤にギャップができるときがあるんですよ。そこを埋めるために早く戻らなければいけないから全力疾走しているんですが、「もっと早く戻れ」って。じゃあ、あんたも点をとるんだろうなって思っていました（笑）。

開幕直前にフラット３がラインを上げたときに、相手の２列目の選手に点をとられるというパターンが指摘されました。僕も失点するとしたらこのパターンだなと思っていたので、ベルギーに１点入れられてしまったときは、やられちゃったか、と感じました。実際のピッチで戦っていたので言わせてもらうとすれば、手を上げるんじゃなくて、そこは競るべきだろう、と感じました。手を上げることが大事なのではなくて、守ることが大事なんです。この場面で何が必要なのかという目的が大事なんです。時間帯や状況、ボールの場所や、敵がどういう状態で攻めてきているか、ということを考えて、どっしり構えてボールに備えるのか、あるいはラインで対応するのがいいのか判断すべきだと思います。

これについては試合後に話をしたんです。全体ミーティングでも監督から同様の指摘がありましたから、僕は個人的に話しました。それ以降は完全に修正できていましたね。DF陣から反論はなかったです。まあ、しやすい話でもないですから、聞く方も我慢して聞いてくれていたんだと思います。本人たちもそういう意見を聞きたかったという面もあるかもしれません。点をとられないことが一番大事なんですから。

フラット3一辺倒でやろうとしていたのは、トゥルシエがずっとそう言っていたからだという可能性もあると思うんですよ。ボスに対して発言すると自分の立場が悪くなるんじゃないかと考えるのも分かります。試合に出ている人間、出ていない人間の違いもあるだろうし、出ている人間というのは、守らなければいけない自分のポジションというのもあるだろうし。僕も五輪代表の時期にこの部分で葛藤していたわけですから。

でも僕は納得できないままやっていて自分のバランスを崩しましたし、どうしても納得できなくて、自分の考えるプレーをしたら（五輪代表から）落ちましたからね。やっぱりやるからには、試合までにどれだけ不安や、分からない部分を省いて臨めるか。そのために練習があると思うんです。あの経験で、周りの状況や人に振り回されない自分を作れたから、今は言うべきだと思っています。

（鈴木）隆行さんのゴールはあの大会を闘う若い日本代表にとって大きかったです。あの試合の1点という意味だけじゃなくて。別に綺麗なゴールでもないし、どちらかというと相手のミスでしたけど、〝気迫のゴール〟というか、よくあそこまで走って触ってくれたなと思いました。ガッツが出るゴールですよね。勇気づけられるゴールだった。

僕がいくら頑張ってもゴールには多分たどり着けないでしょうから、自分の仕事をしながら味方を信頼して、得点を祈るみたいな部分もあるんです。そこで僕が点をとろうというのは明らかに発想として間違っていますから、失点した後も自分の仕事を完璧にこなすことだけを考えてやっていました。だから、あのゴールは本当に嬉しかったです。

2つ目の失点は1点目よりショックが大きかった。明らかに勝てる雰囲気だったんです。だからといって浮わついたプレーをしていたわけでもないし、集中もしていたのに、1点目と同じ崩され方でしたから。あれは、完全に研究している崩し方ですね。そうじゃないと出来ないと思います。

僕はサッカーをやっていてユニフォームを換えるときが一番好きなんですが、ベルギー戦の後は、6番の選手（シモンズ）とユニフォームを交換したんです。ヒデさんにずっとついていた選手。自然に目が合ったんで交換したのですが、僕はお互いによくやったという気持ちがなければ、交換することはないですね。もし認めていなかったら、走って行ってビルモッツに換えてくれと言っていたかもしれません（笑）。ビルモッツ好きになりましたね。ベルギーはまさに彼のチームだった。ドイツのカーンのように、プレーだけでなく態度でチームを引っ張っていた。いい選手ですよ。

ロシア戦／俺の行く手を塞ぐな

一番辛かった試合はロシア戦でした。あそこでの結果がグループリーグ通過を左右したでしょうから。サッカーってこんな辛いスポーツだったのかって。アンテナを張り巡らせ続けなければいけない辛さ。気を抜けない辛さ。肉体的にも限界に近い状態でした。最初はイズマイロフとティトフを見ていたんですけど、メンバーを替えてきて、前線に人数を増やしてきたんですよ。ボールを放り込んで、こぼれ球がぶれたりする。ディフェンスがつききれない、でも追わなきゃいけない。ですから、立ちあがりも辛かったんですけど、特に最後の15分はきつかったですね。スライディングをしたら立てなかったですから。イナ（稲本）も完全に足が止まってました。だから「足止めるな！」って叫んでました。（前半39分、ペナルティエリア内で）セムショフを引き倒しながらもクリアした場面は、必死でした。お前どけよ、俺の行く手を塞ぐな、と。やばいと思った時にはもう倒していましたね。必死になると出ちゃうんですよ、人間の汚い部分が（笑）。僕は今まで退場に抗議したことはないんです。自分の中で仕方がないなと思う部分があるし、いつも覚悟してプレーしていますからイエローカードが恐くないんです。カードを見ても何とも思わなくなってしまいました。

ホイッスルが鳴った瞬間は嬉しさというよりも、ああ終わってよかった、という感じでした。みんなはすごくはしゃいでいたけど、僕はそんな元気なかったです。やったぜって言われて抱きつかれたらそのまま倒れそうな状態でした。そっとしておいてくれ、というような（笑）。本当に疲れました。嬉しいんですけど、疲れていて早く座りたいな、という感じですね。その時は、家族に手を振ろうという気にすらならなかったです。

チュニジア戦／僕の基準はカーンです

チュニジア戦の前日、彼らの練習をテレビで見ていたら、選手が写真撮影をしていたんです。バカじゃないかな、と思いました。オリバー・カーンはあんなことしないだろうって感じましたね。僕の基準はそこです（笑）。油断はしないように注意していましたから。

当日はとにかく暑かった。相手が最初から出てこなかったから、カウンターだけ気をつけようと思ってプレーしていました。ロシア戦に比べると楽でしたよ。まあ、また物議を醸した場面が2回ほどありましたけど（笑）。逆に試合をどう作るかが大事でした。無理に引いた守備陣の中にボールを入れるのも大変だと思っていたので、ボールを動かしながら相手を誘《おび》き出すことだけを考えていました。だからパスの成功率が高かった（98・2％）のかもしれないですね。

イナは中にゴリゴリ入っていってしまっていたんで、あまり焦らないで落ち着いていけと言っていたんです。歯車が一度狂うと、直せないまま流れが相手にいってしまうことがありますから。

ハーフタイムでは妙にチームの雰囲気が暗かったのを覚えています。うまくいっていなかったからかな。その理由は攻め急ぎだったり、無理に縦にいっていることでした。相手が待ち構えてましたからね。

だから後半のゲームに入る前、イチ（市川）に「無理にボールを入れて取られる場面が多いから、落ち着いて回してチャンスがあったら前にいけ」という話をしたんです。

モリシさん（森島）が得点してくれて、これでグループリーグ通過は大分見えてきたな、と思いました。それ以降も守るイコール守る、ではなく、攻めることが守ることにもなるから、普通にサッカーをしてボールをキープして、自分のポジションは正確に、気持ちは緩まないようにしていました。

2点目が入って、もう大丈夫だろうと思いました。ボランチが明神と僕だったからヒデさんが飛び出したんですよ。イナと僕だったら、イナが出るからヒデさんは出ない。それから試合が終わるまでベンチからはずっと「我慢しろ」という声が飛んできました。僕はベルギー戦で1枚カードをもらっていたので、そんなに言うなら交代させてくれよ、と思っていましたね（笑）。

トルコ戦／勝てない相手ではなかった

グループリーグ突破という目標を達成したから、チームの緊張が緩んだということはなかったと思います。正直、緊張感をどれだけ維持できるかは難しいものがあるので、一概に批判はできません。僕もこのトルコ戦で精神的に潰れるかなと思っていました。常にこの試合がラストという気持ちでやってますけど、あの試合こそ本当に潰れなきゃいけないものだと捉えていたところもあります。

失点する前のコーナーキックになったところで、デンマークとイングランドの試合の1点目を思い出していました。飛んできた長いボールをデンマークのDFがGKに返し損ねて、コーナーになって入っちゃったシーンです。まさかこれで入らないだろうなと思っていたら、そうなってしまったんでやっぱり恐いなと感じました。あれは集中していないミスでしょうね。あのコーナーにつながったプレーもそうでした。

でも実際に戦っていてゲーム自体は悪くはなかったので、焦る必要はないと思っていました。早い時間でしたし、チームの集中力も落ちていなかったと思います。確かに流れるような攻撃がなかったので、僕は1つ後ろからなるべくボールを動かそうとは考えていたんです。

アレ君（三都主）は最初、左サイドに張り付いていてあまりよくなかった。それで前半半ば過ぎに、寄ってきて受けるのか、逃げてスペースを作るのか、そこじゃもらえないからとにかくもっと動けと言ったんです。もう喧嘩口調で。その後、広く動き始めてからは、スペースは結構あるしドリブルが生きていたんで面白いなあと思って見ていたんです。だからこのまま彼を使って下から攻めていれば、と。でも僕には選手交代はできないんで（苦笑）。僕自身はハサンにそういうプレーをさせないように、早くつくことだけを考えていました。

トルコは相当いいチームだと思います。でもあの試合に限っては勝てない相手ではありませんでした。もう1つ前で相手が驚くようなことをしないと点はとれなかったんでしょうけれども。だから、後半は少し前に出たんですよ。明神がいたので、少し後ろを任せて。ボールを早くゴール前に入れたりしたんですけど、結果的にはダメでした。2本惜しいチャンスがあったんですけどね。ヒデさんから西澤さんに落としたプレーです。あと、（小野）伸二がヒデさんに出したのを頭で落として、隆行さんがフリーになったんだけど、コントロールミスしてしまった。あれが前にトラップできていたら、ゴールになっていたと思う。

試合後は泣いちゃいかんと思うほど、涙が出てくるんですよね。号泣ですよ、笑ってしまうくらい。不完全燃焼というわけではないですけど、やっぱり悔しかった。

今の自分が頂点だとは思っていない

W杯はしばらくはいいです。合宿生活には向いていないんで（笑）。楽しかったとはいえないですね。試合の日以外は毎日睡眠薬を服用していました。僕はそんなに強い人間ではないですから。

4年後のことを考えられる人間ではないので2006年のことは分かりません。ただ、今の自分が頂点だとは思っていないです。発見がある限りまだいけるでしょう。W杯を戦ってみての僕の課題は、もっと気の利いた球を出すことです。フィールドの中心にいるわけですから、流れを変えなきゃいけないし、周りを上手く活かすような球を出さなきゃいけないと考えています。

ワールドカップが終わったら死んでもいいと思ってました。あの瞬間はやることはやったと思いましたけど、今はもっとやりたい。僕自身の存在証明のために。

（林純次）

詳細分析
Pierre Littbarski

ピエール・リトバルスキー

Number PLUS「永久保存版『6月の輝き』」(2002年8月)掲載

「ベスト8まで行くべきだった」

西ドイツ代表としてワールドカップ決勝を三度戦い、
優勝も経験した。Jリーグの創成期を支えた
功労者として、日本で彼を知らぬ者はない。
心から日本サッカーを愛する男が、
ベスト16に終わったトゥルシエ采配を斬る。

――まず全体的な印象から聞かせてください。

「ジダンやフィーゴといった創造的なプレーができるスター選手の多くが、結果を残せなかった。そういう意味では、過去の大会と比べて少し欠けていた要素はあったね」

――フランス、アルゼンチン、ポルトガルといった攻撃的なチームが早々と敗れ、防御が堅くカウンターアタックに優れたチームが勝ち残ったという印象があります。

「〝攻撃〟とはチャンスを作るということだ。ゴールもそれなりに生まれているわけだから、一概に攻撃的でなかったとは言えないと思う。それに今回は、攻撃展開のための防御という発想が出てきた。たとえば同じ防御でも、今大会のスウェーデンと20年前のイタリアのスタイルはまったく違っている。スウェーデンのDFはボールを奪った瞬間にMFに供給し、攻撃のチャンスを作っていた。しかも、防御から攻撃への展開は決定的に速くなってきている。これはあきらかに戦術的な〝進化〟だと思う」

――他に戦術面での収穫はありましたか？

「時代の変化というものが強く感じられたね。まず、中盤できついプレッシャーを90分間かけ続け、攻撃を組み立てるスペースや、ボールをさばく余裕を与えないようにするやり方が出てきた。これは攻撃展開のための防御という発想と重なっている。

次には、試合ごとに戦い方やシステムを変えるだけでなく、試合の途中でも状況に対応して、より柔軟に変化するシステムを採用していく流れが出てきている。

アイルランド対ドイツや、ブラジル対ドイツの決勝はその典型だと思う。アイルランドは後半にDFを1人減らし、長身のFWクインを投入したことで、完全に試合の流れを変えた。またブラジルは今回新たに採用した3バックを、決勝では守りを固めるために5バックに変更していた。対するドイツは、ロベルト・カルロスがオーバーラップしてこないのをみて、MFやDFをどんどん攻撃に回して行く。こういう柔軟なやり方は、今回、僕が学んだことのひとつだ」

——ドイツは見事に決勝まで残りました。

「決勝ではブラジルがクリエイティブなサッカーをするのに対して、ドイツは非常に正確で効率的なプレーや、集中力を売りにしていた。だから天使と悪魔の戦いのようだった。悪魔はドイツだけどね（笑）。

ドイツからはテクニックはまだトップレベルに達していなくても、勝利を目指そうという姿勢が感じられた。ロナウジーニョやリバウドのような選手がいなくても、戦術が徹底されて全員がチームのためにプレーすれば、それなりの結果を出せることも明らかにした。

今回はまさに下剋上の大会だった。誰にでもチャンスがある〝開かれた〟大会になったという点ではすごく面白かったよ」

——韓国は下剋上の象徴だったと思います。躍進の理由をどう分析されますか？

「短期間に厳しいトレーニングをしたことと、意志の力が大きかったと思う。ヒディンクは監督就任が遅かったから、手元にある戦力を短期間で鍛えることに重きを置いた。グラウンド全体を使って7対7の試合をさせたりしていた。こんな厳しい練習はヨーロッパでは到底できない、とさえコメントしている。しかも、選手が疲れ果てても手を緩めずにどんどん負荷をかけたから、フィジカルだけでなくメンタルでもすごく強くなったんだ。これはイタリア戦で如実に現れていた」

——逆に日本は、勝てると言われていたトルコ戦を落としています。

「結局最後までペースをつかめなかった。戦術的に言えば、あのフォーメーションで選手は少し混乱したと思う。日本の選手は3戦を終えてすごく成長し、自信も持ち始めていた。それは、ほとんどの試合で同じシステムを採用していたからだ。僕は、トゥルシエがなぜ戦術を変えたのか理解できない。

選手はフリーな状態なのに単純なパスミスが多すぎたし、コンビネーションプレーも少なかった。新しい選手を2人も入れたら、普通に考えればコンビネーションが機能するわけがない。試合は予想通りの接戦になった。選手のレベルが大体同じ場合には、こうしたディテールが勝敗を決めるんだ」

——トゥルシエは積極的に動きませんでした。

「彼は一度もベンチから出てこなかった。アグレッシブさも感じられなかったね。彼の采配そのものが、チームの〝熱〟を冷ました側面もあると思う。選手は最初の3試合は死に物狂いで戦ったけど、最後の試合は精神的にエアポケットに入ったような印象を受けた。

さらに言えば、選手との間にいい意味での厳しさも足りなかったと思う。どんな有名選手でも、コンディションが悪ければ外すべきだ。でも今回、トゥルシエは小野を使い続けた。彼が貴重な戦力であることに間違いはないが、洪明甫《ホンミョンボ》を代えたヒディンクとの差はそういうところにもある。

選手の側も闘争心が足りなかった。納得いかない形で交替させられたらトゥルシエに文句を言えばいい。市川が下げられたのは戦術的に考えて絶対におかしい。本人も納得できなかっただろう。戸田は〝自分が呼ばれたのはトゥルシエのおかげではなく、自分が一生懸命やった結果だ〟と発言したらしいが、こういう姿勢こそ評価されるべきだ」

――トゥルシエのアプローチそのものが問題だったのでしょうか？

「トゥルシエは4年間かけて様々なシステムを築き上げた。ある意味では将来に向けた基盤を作ろうとしたとも言える。

でも、勝利を目指すことを考えた場合、メンタル以外にもいくつかの欠陥があったのは明らかだと思う。戦術的に言えば、防御を重視するあまり、攻撃のオプションやコンビネーションプレーが少なかった。だから結局、ゴール前では相手を崩せなかった。対照的にヒディンクの場合は、戦術面でもそれなりにきちんと手を打っていた」

——選手、監督ともにプレッシャーの影響もあったのではないでしょうか？

「グループリーグは負けても修正がきく。でも決勝トーナメントでは、たった一度でもミスをすれば、すべてが終わってしまう。その意味では、グループリーグなんてゼロに等しい。決勝トーナメントからこそ、本当のW杯が始まるんだ。

決勝トーナメントでは、戦術や技術以上に、メンタルがポイントになる。信じられないようなプレッシャーがかかるから、体は硬直するし、反応も遅くなる。萎縮して自由に動けなくなるんだ。アイルランドのイアン・ハートが、同点PKをミスしたのはその典型例だよ。日本にとって決勝トーナメントは未知の領域だ。そこでどれだけ戦えるのか、ということが最も興味深かった。

日本人はとても現実的な考え方をするから、トルコを警戒しすぎたのかもしれない。でも相手だって恐がっていたはずだ。外国のスタジアムで、おまけに5万、6万の観客が全員青いユニフォームを着て日本を応援しているわけだろう？　そこを利用するのが、決勝トーナメントの戦い方なんだ。

例えばトルコは短気な選手が多いから、試合開始前に握手をする際、にこやかに笑いながら相手のスパイクを踏んだりすれば、カッときて集中力が切れてしまう。こんなやり方を薦めるつもりは毛頭ないが、ドイツ人だったらそこまでしようとするだろうね」

――今回の結果をどう受け止めるべきでしょうか？

「ベスト8まで行くべきだった。それだけの力は十分にあった。選手も本当に自分に腹を立てていると思う。ビデオを見たら、勝てる試合だったと悔しがるはずさ。そこまで行っていれば、次はベスト8を前提にスタートできる。この差は大きい。

'98年に比べて、中田浩二や稲本のような選手はすごく逞しくなったけど、ある意味で当然のことだ。選手は一歩一歩と言うかもしれないけど、次の大会では若い世代に抜かれてしまう可能性だってあるじゃないか。サッカー選手のキャリアなんて、あっという間に終わってしまう。だからこそ一歩ではなく、二歩前進を目指さなければならない。つまり、次はベスト8ではなく、ベスト4を目指すべきだ。目標とはそうして立てるものなんだ」

日本の選手は、60％しか力を出していない

――新たなチームを率いる代表監督には、どんな人材が相応《ふさわ》しいでしょう？

「まず日本の文化やサッカー、そして選手についてよく知っていて、密接にコミュニケーションを取れること。

第二には、W杯で戦った経験があることだ。W杯で戦ったことがない人間は、そのプレッシャーがいかに大きいかわからない。しかも、準決勝、決勝と大舞台になればなる

ほど、プレッシャーは巨大になる。僕は3度決勝を戦ったからよくわかる。その中で、舞い上がらずに的確な指示を出すことができるのは、実際にその舞台を踏んだ人間だけだ。

その意味で、日本人の監督には難しいと思う。この条件が人選を難しくしているんだ。最後は、知名度やしがらみに振り回されず、本当に必要な人物は誰かということを、様々な角度から検討することだと思う」

――Jリーグとの調整も必要になります。

「ドイツの監督のフェラーは、毎週クラブの監督たちと情報交換している。リーグに代表の戦略を浸透させていくこともできるわけだから、ギブアンドテイクでやっていくべきだね。

気になるのは、最近のJリーグで、あまりにチーム間のライバル関係が弱くなってきていることだ。もっと刺激し合って、切磋琢磨する環境を作っていかねばならないと思う。リーグが活性化して面白くなれば、サポーターも昔のようにスタジアムに足を運んでくれる。そうすれば、選手にもいい意味でもっとプレッシャーがかかるようになる」

――サッカーそのものは、どのようなスタイルを目指すべきでしょうか?

「日本の選手は、60％くらいしか力を出していない。FWの場合は40％くらいだと思う。これは本当に深刻な問題だよ。まず攻撃のバリエーションを増やすことが最優先課題だ。

日本には戦術的に欠けているものがたくさんある。ウイングからの攻撃やオーバーラップ、コンビネーションプレーも少ないし、アウトサイドからインサイドに切れ込んだり、サイドチェンジをする展開も少ない。

特にDFは、中盤でもっと多くの仕事をしなければならない。チュニジアやトルコとの試合では、3人対2人と有利なのに、自分で中盤にボールを持ち込んで優位な状況を作ろうとしなかった。これもトゥルシエの指示かもしれないが、特に松田はタッチラインから10mの幅しか動こうとせず、ただ中田(英寿)にばかりパスを通そうとしていた。みんなが中田に期待しているのは、ハーフラインでボールを受け取った後にマークをかわして、独走してゴールを決めるような展開だろうけど、そんなシナリオは非現実的だ。彼にはいつも2人のマークがついていた」

——さすがの中田も、ゲームメイクに苦労していた印象があります。

「今は選手のフィジカル能力が上がって、誰もが試合の間中プレスをかけ続けるようになってきている。だからプラティニやマテウスのような優秀なゲームメイカーがいたとしても、活躍するスペース自体がない。相手のマークが厳しく、前を向いてプレーさせてもらえないんだ。そのいい例がジダンであり、トッティにゲームメイクを託したイタリアだった。逆にロナウジーニョがあれだけ活躍できたのは、真ん中に固執せず、どんどん左右のスペースに走り込んでいったからだ。

残念ながら、古典的な10番の選手の時代は終わったんだよ。プラティニと同じ時代にプレーした僕としては、悲しいけどね（苦笑）」

——では10番に代わる中心選手は？

「欧州のクラブは、ビエラのようなボランチの選手を必死に探している。日本ではボランチは防御的な選手という印象が強いと思うけど、それは違う。10番と違ってボランチの方がゲーム全体の流れやゴール周辺の動きが見えるから、攻撃を組み立てやすいんだ。そのいい例がバラックさ。彼自身、少し深めのポジションの方が攻撃の起点になれると言っている。将来的に中田にボランチをやらせるのは、一つのアイディアだと思う。攻撃だけでなく、防御に回った場合でも、中田の方がバラックよりもはるかに力を発揮できる」

——やはり中田が鍵を握るのでしょうか？

「いや、中田だけじゃない。今回の稲本は、ある意味で僕が考えていることをすでに先取りしてやっていた。戸田も最初は防御の意識が強かったけど、徐々に攻撃に絡むようになってきた。たとえば中田、稲本、戸田がトライアングルを作ってボールを交換すれば、攻撃のバリエーションも増えるはずだ。中村俊輔あたりも、同じような役割をこなせる可能性があるね。ただし、彼らの力を引き出すためにも、攻撃も防御も、全員でサポートし合うことが一番大事なポイントだ」

——フォーメーションはどうなりますか？

「基本的なシステムは３―５―２だけど、固定せずに４―４―２や、４―５―１にも対応できるようにするのがいいと思う。大事なのは、柔軟性やオプションを確保するということなんだ」

——日本が目指すべき理想に近いスタイルを持っているチームはどこだと思いますか？

「僕自身は、昔はバルセロナや、バレージがいたＡＣミランから４―４―２を学んだけど、今はマンチェスター・ユナイテッドやアーセナルを参考にしている。ただしマンチェスターの場合は、一昨年のチームだ。ベロンとブランが入った後は攻撃のスピードが落ち、ＤＦの押し上げもなくなった。

でも、マンチェスターやアーセナルを単純に模倣すればいいわけではない。マンチェスターは優秀なＦＷをいつも２人揃えている。それに比べて、日本は優秀なＦＷを揃えるのがとても難しい。僕は高原を評価しているから、彼と鈴木か久保を組み合わせる形になるか、小野や中田を入れたり、逆に１トップにすることも検討しなければならないと思う。

ただし、高原を１トップで起用するにしても、ポストプレーだけを考えているわけではない。クロスを上げても、１９０㎝のＤＦ２人に囲まれたら、局面を打開するなんてミッション・インポッシブルだよ。ＦＷの組み合わせは、４バックにするか３バックにするかという選択より、はるかに難しい」

――FW不足の問題はどうすれば解決できるのでしょう？

「中山のようなタイプを育てていくことだ。僕は日本に来たときから、ストライカーはエゴイスティックにならなければならない、ラストパスを出すだけで満足するなと言ってきた。トルコ戦のロナウドのように、自分を信じてひたすら何度もトライしなければ結果は出ない。FWは誰よりもクレイジーでなければならないんだ。柳沢はがむしゃらにゴールを目指さず、ポストプレーばかりしていた。トゥルシエの指示かもしれないけど、FW本来の動きとはとても言い難かった。

それと、日本のFWはもっと1対1に強くならなければいけない。通常の練習でも、何度も確実にシュートを決める癖をつける必要がある。いいシュートが1本決まれば満足してしまうのではなく、GKとは常に真剣勝負をすべきだ。僕はクラブでも代表でも、シューマッハ（GK）を相手にシュート練習していたけど、彼が本気で怒りはじめても、シュートを決め続けた。そうすれば彼の限界も上がり、今度は僕がシュートを決めるのも難しくなっていく。そうやって互いにメンタル面でも技術面でもどんどん高め合うんだ。

日本はジュニアにも問題があると思う。僕が訪問したあるスクールでは、50人生徒がいるのにFWは3、4人しかいなかった。残りの40人はMFだ（笑）。MFは責任をとらなくて済むから楽かもしれないけど、点がとれなければ試合に勝てないのだから、FWの発掘はジュニアから最優先でやっていくべきさ」

――DFの差も大きいのではないですか？

「思い出してほしい、日本のDFは予想されたほど破綻しなかった。フラット3をそのまま踏襲していたときでさえ、大きく破綻はしていない。1対1が弱くても、まとまって組織的にプレーすれば防御ができるということなんだ。宮本はよくやったけど、これは選手の質というより、タイミングのよさと〝勇気〟がもたらした結果だと思う。ずば抜けた才能の持ち主でなくても十分通用する。

それと、ゲームの組み立てはGKから始まるということを忘れてはならないね。カーンの例を出すまでもなく、強いチームには必ず優秀なGKがいる」

――最後に、今回日本が得た最大の収穫は？

「日本は、海外の一流チームと互角に戦えることを証明した。メンタルをもっと強くすれば、どんなチームでも破ることができる。3位のトルコとも互角に戦ったわけだから、ホームアドバンテージも必要ないと思う。

昨日、僕のアシスタントコーチと話したら、組織的に常にプレッシャーをかけ続ける日本のスタイルは斬新だと、彼は驚いていた。これに攻撃のバリエーションや短く早いパス交換、そして防御から攻撃への素早い転換を組み合わせていけば、世界のサッカー界の新しい流れにも完全に合致する。日本は確実に成長している。大きなインパクトを与えるだけの可能性を十分に秘めているんだ」

（田邊雅之）

2002 FIFA World Cup Korea/Japan

GROUP LEAGUE

GROUP A

	Group A	デンマーク	セネガル	ウルグアイ	フランス	勝ち点	得点	失点
1	デンマーク		△ 1-1	○ 2-1	○ 2-0	7	5	2
2	セネガル	△ 1-1		△ 3-3	○ 1-0	5	5	4
3	ウルグアイ	● 1-2	△ 3-3		△ 0-0	2	4	5
4	フランス	● 0-2	● 0-1	△ 0-0		1	0	3

前回の覇者フランスの不振を誰が予想しえただろうか。ジダンの故障やたび重なるポスト直撃など不運はあったにせよ、早すぎる敗退は世界に衝撃を与えた。デンマークは安定した組織力で1位通過。開幕戦でフランスを破った初出場セネガルが2位。ウルグアイも後がないセネガル戦で怒濤の猛反撃に打ってでるなど見せ場は作った。

GROUP B

	Group B	スペイン	パラグアイ	南アフリカ	スロベニア	勝ち点	得点	失点
1	スペイン		○ 3-1	○ 3-2	○ 3-1	9	9	4
2	パラグアイ	● 1-3		△ 2-2	○ 3-1	4	6	6
3	南アフリカ	● 2-3	△ 2-2		○ 1-0	4	5	5
4	スロベニア	● 1-3	● 1-3	● 0-1		0	2	7

52年ぶりの白星スタートを切ったスペインが全勝で1位通過。2番手と目されていたパラグアイは、南アフリカ戦でロスタイムにPKを献上して追いつかれ、多難のスタート。後がないスロベニア戦では退場者を出したうえに先制され、絶体絶命のピンチに追い込まれたが、そこから3点をもぎ取り、土壇場で2位に滑り込んだ。

GROUP C

	Group C	ブラジル	トルコ	コスタリカ	中国	勝ち点	得点	失点
1	ブラジル		○ 2-1	○ 5-2	○ 4-0	9	11	3
2	トルコ	● 1-2		△ 1-1	○ 3-0	4	5	3
3	コスタリカ	● 2-5	△ 1-1		○ 2-0	4	5	6
4	中国	● 0-4	● 0-3	● 0-2		0	0	9

3戦全勝11得点3失点、王者ブラジルの強さがきわだったが、そのブラジルも今大会で旋風を起こしたトルコには苦戦を強いられた。韓国人審判の疑惑の判定がなければ、勝利は危うかったかもしれない。コスタリカはパスサッカーで観客を魅了したが、得失点差で及ばなかった。中国の全敗は相手を考えれば仕方のないところか。

GROUP D

	Group D	韓国	アメリカ	ポルトガル	ポーランド	勝ち点	得点	失点
1	韓国		△ 1-1	○ 1-0	○ 2-0	7	4	1
2	アメリカ	△ 1-1		○ 3-2	● 1-3	4	5	6
3	ポルトガル	● 0-1	● 2-3		○ 4-0	3	6	4
4	ポーランド	● 0-2	○ 3-1	● 0-4		3	3	7

波乱の連続だった本大会を象徴するかのような結果。優勝候補の一角にあげられていたポルトガルは、初戦でアメリカに痛恨の敗北。波に乗れぬまま姿を消した。開催国の韓国は初戦で古豪ポーランドに完勝。負ければグループリーグ敗退の可能性がある最終ポルトガル戦も1－0の勝利。欧州の強豪二国を撃破して1位通過を決めた。

GROUP E

	Group E	ドイツ	アイルランド	カメルーン	サウジアラビア	勝ち点	得点	失点
1	ドイツ		△ 1-1	○ 2-0	○ 8-0	7	11	1
2	アイルランド	△ 1-1		△ 1-1	○ 3-0	5	5	2
3	カメルーン	● 0-2	△ 1-1		○ 1-0	4	2	3
4	サウジアラビア	● 0-8	● 0-3	● 0-1		0	0	12

GKカーンの堅守を軸に、勝負強さを発揮したドイツが1位通過。イエローカード16枚が飛び出したカメルーン戦では、前半で退場者を出しながらも勝利するなど、終始ドイツらしい戦いぶりを見せた。伝統のクロス攻撃に若手選手のテクニックが融合したアイルランドは、不屈の闘志でドイツと引分け、ベスト16に名のりをあげた。

GROUP F

	Group F	スウェーデン	イングランド	アルゼンチン	ナイジェリア	勝ち点	得点	失点
1	スウェーデン		△ 1-1	△ 1-1	○ 2-1	5	4	3
2	イングランド	△ 1-1		○ 1-0	△ 0-0	5	2	1
3	アルゼンチン	△ 1-1	● 0-1		○ 1-0	4	2	2
4	ナイジェリア	● 1-2	△ 0-0	● 0-1		1	1	3

死のグループを抜けだせず、アルゼンチンが大会から姿を消した。フランス大会からの因縁を引きずったイングランド戦はベッカムにPKを叩きこまれて黒星。最終のスウェーデン戦も全員で守りを固める相手を崩しきれずに涙をのんだ。スウェーデンは高い組織力を武器に現実的な戦いを貫き、イングランドとともにベスト16入り。

GROUP G

	Group G	メキシコ	イタリア	クロアチア	エクアドル	勝ち点	得点	失点
1	メキシコ		△ 1-1	○ 1-0	○ 2-1	7	4	2
2	イタリア	△ 1-1		● 1-2	○ 2-0	4	4	3
3	クロアチア	● 0-1	○ 2-1		● 0-1	3	2	3
4	エクアドル	● 1-2	● 0-2	○ 1-0		3	2	4

エクアドル戦にこそ完勝したものの、残り2戦が低調だったイタリアを尻目に、攻撃サッカーのメキシコが首位の座をもぎとった。速いテンポのパス回しで主導権を握りつつ、攻撃の底をしっかり固める戦いぶりは見事。前回3位のクロアチアは、グループリーグ突破こそならなかったが、イタリア戦で逆転勝利を飾り存在感を示した。

GROUP H

	Group H	日本	ベルギー	ロシア	チュニジア	勝ち点	得点	失点
1	日本		△ 2-2	○ 1-0	○ 2-0	7	5	2
2	ベルギー	△ 2-2		○ 3-2	△ 1-1	5	6	5
3	ロシア	● 0-1	● 2-3		○ 2-0	3	4	4
4	チュニジア	● 0-2	△ 1-1	● 0-2		1	1	5

開催国日本が1試合ごとに進化を遂げ「勝ち点1」「初勝利」「グループリーグ突破」の壁をひとつずつクリア。大観衆の声援にも後押しされ、1位で悲願のベスト16入りを果たした。残る一枠を賭けたロシア−ベルギーの対決は点の取り合いになったが、最後にベルギーが突き放して2位に食い込んだ。ロシアは主力の欠場が痛かった。

2002 FIFA World Cup Korea/Japan
決勝トーナメント

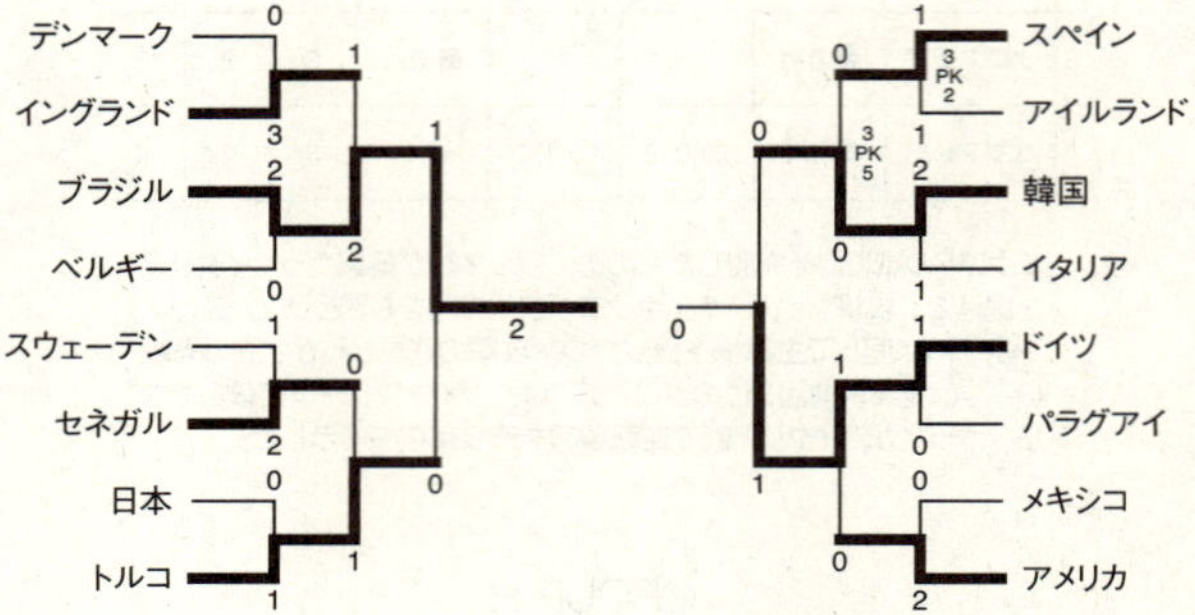

3位決定戦
韓国 2-3トルコ

日本が16強進出に満足したかのように、あっさり姿を消してしまったのとは対照的に、一方の開催国・韓国は、イタリア、スペインと強豪を撃破。疑惑の判定もとりざたされたが、アジア初のベスト4進出という快挙を成し遂げた。韓国に立ちはだかったのはドイツ。決して前評判の高いチームではなかったが、鉄壁の守備力で7度目の決勝進出を決めた。日本を倒したトルコは4強進出。グループリーグで苦杯をなめたブラジルに再び挑戦したが、ロナウドの一発に泣いた。決勝戦のブラジル－ドイツは、GKオリバー・カーンの「一世一代のミス」とともに人々の記憶に刻まれるだろう。わずか1失点で勝ち上がってきたドイツが、守護神のミスで敗れ去るとは──。

FIFA
FAIR
PLAY

PHOTO
1133

Number PLUS「永久保存版『6月の輝き』」(2002年8月)掲載

継承——ドーハ組の見たワールドカップ

1993年10月28日。日本サッカーが
掴みかけていたワールドカップ初出場の夢は、
わずか数秒で絶望に変わった。
「ドーハの悲劇」から9年を経て、
かつてのメンバーの胸に去来するものとは。

左からのコーナーキックだった。

熱気が体中の毛穴に入り込む。その熱気を押し返そうとするように汗が噴き出す。中東の小国カタールの首都ドーハは暑かった。

スコアは2―1で、時計は後半45分を回っていた。このまま勝てば、アメリカでのワールドカップ出場権が得られる。

1993年10月28日、アルアリスタジアム。日本サッカー史上初の外国人代表監督ハンス・オフトに率いられた22人の選手たちは、この数秒後に絶望の深い淵へと叩き落とされた。

2002年6月4日午後6時、埼玉スタジアム。日本対ベルギー戦。鈴木隆行がキックオフしたボールを柳沢敦が後方に戻す。

その様子を、浦和レッドダイヤモンズのディフェンダー、井原正巳はメインスタンド2階の放送席から見下ろしていた。右隣には前・日本代表監督の岡田武史、左隣には実況を担当するアナウンサーが座っていた。3人とも放送用の「インカム」を付けている。

大会前、試合を現場で見たいなと井原は思っていた。ゲスト解説を依頼され、≪チケットもなかなか手に入らないし、実際に現場で試合を見るには一番いいかな≫と考え、引き受けることにしたのだ。

あのときの、左からのコーナーキック。

井原はゴールエリアのライン付近にいた。中央よりも少し後方の位置だ。ショートコーナーから上げられたボールを、井原の数メートル前でジャンプしたイラク選手が頭で捉える。軌道の変わったボールを追い、ゴール方向へ井原の足は進んだ。2歩目の足が芝を踏んだとき、ボールはファーサイドのゴールネットの奥へと納まった。頭を抱えながら、夢遊病者のようにとぼとぼと井原は歩いた。そして、仰向けに倒れこむと、両手で顔を覆った。

センターサークルの中心に戻されたボールがキックオフされ、前線へと大きく蹴り出されたところで、試合は終了している。

「これからどうなっちゃうのかな、と。試合の後は、それくらいの落ち込みようだった。W杯に行けなくなって、なんだか腑抜けみたいになっちまったと言うかね」

だが、〝ドーハ〟はもう痛みを伴わない。4年後、ジョホールバルでW杯初出場を決めたときに、井原の中ではある種の決着がついていた。2002年の6月が近づくにつれ、ドーハの記憶を呼び起こされる機会は確実に増えていったが、'97年のW杯予選やフランスでの本大会を思い出す回数に較べれば、少ないものだった。

埼玉スタジアムの放送席に座った井原には、今の代表チームがどのようなサッカーをするのかという興味があった。そして、ひとりのサポーターとして代表を応援したいという気持ちも。解説という立場上、自らを冷静に保とうとする意識が働いていたとはいえ、得点シーンでは叫び声が喉を衝いて出た。

2―2のまま後半45分になろうかというとき、中田浩二と楢﨑正剛がペナルティエリア内でウェスリー・ソンクを倒す。だが、ファウルの笛は吹かれない。

「ＰＫだったらどうしようって思いましたよ」

井原は溜め息交じりに、サポーターとしての感情を吐露していた。

チームメイトである井原の言葉を、自宅のテレビを通して福田正博は聞いていた。

埼玉スタジアムは駒場競技場に次いで、浦和レッズの〝ホーム〟だ。近隣のスタジアムで開催される試合のチケットはＪ１、Ｊ２クラブに割り当てがあり、事前に申し込めば選手は優先的に買えるようになっていた。実際、ベルギー戦には浦和の選手、大宮アルディージャの選手が数多く足を運んでいる。

だが、福田は見に行こうとはしなかった。それは、２日前のイングランド対スウェーデン戦も同じである。人混みの中を、自宅と会場を往復するのが億劫だったからだ。

テレビ観戦で充分だなどとは思っていない。

ボールの周囲より、画面に映らない場所での動きの方が重要なことを、選手である福田は知悉している。それでも、Ｗ杯のスタジアムへと赴く気にはならなかった。

テレビの前の福田は冷静だった。頑張ってもらいたいという気持ちはあった。《いいサッカーをして勝ってもらいたい。日本のレベルを世界に証明してもらいたい》と思っていた。だが、「サポーターのひとりとして」と言えるほど強いものではない。鈴木と稲本潤一のゴールに、感情は動いた。だが、自分の試合出場中はもちろん、ベンチで接する味方のゴールの喜びにも及ばない。

福田は一試合を通して冷静だった。

その冷静さは、他国の試合よりも日本戦で顕著に現れるように、福田には思えた。

6月4日、日本は勝ち点1を獲得した。

2日後、埼玉ではグループEのカメルーン対サウジアラビア戦が行なわれた。

サウジアラビアのゴールキーパーはモハメド・アルデアイエ。

《まだあのキーパー出てる。コイツだったんだよな――》

'93年10月15日、アジア地区最終予選、日本の初戦の相手はサウジアラビアだった。先制のチャンスは前半20分。福田が右足で放ったハーフボレーのシュートだった。ペナルティエリア内から打ったシュートを、逆モーションだったにもかかわらず、アルデアイエは左手だけで押さえ込んだ。その後、両チームともさしたる決定機を迎えないまま、試合は0―0の引き分けに終わった。

第2戦に敗れた後、日本は2連勝。最終戦を残し、得失点差で首位に立っていた。イラクとの試合に勝てば、W杯初出場が決まる。

最後のコーナーキック。

ショートコーナーからセンタリングが上げられた次の瞬間、《あっ》と福田は思っていた。福田の目の前を、白いユニフォームに緑でプリントされた「16」がゆっくりと上がっていく。16番オムラムがヘディングしたボールがゴールへと吸い込まれるように入る。そのシーンが、スローモーションで福田の脳裏には今も焼き付いている。

《忘れられるものなら、忘れてしまいたい》

そんな福田の思いは、しかしながら、あの同点ゴールだけに向けられたものではない。最終予選を通しての自分のコンディション、パフォーマンスに対してのものだ。

最終予選、2試合を終え1分け1敗となって、福田はスタメンから外された。パフォーマンスが明らかに落ちていたからだ。3戦目をベンチで過ごし、韓国戦に途中出場するが、3得点を挙げた1次予選のようなキレは影をひそめたまま。最後のイラク戦、1―1の状況下で送り出されるが、期待された攻撃面での貢献は皆無だった。

試合が終了したとき、福田は日本ベンチ前のサイドライン際にいた。オフトに目をやると、彼はフェンス越しにスタンドの誰かと話をしているところだった。同時刻に行なわれている他会場の試合結果を確認しているのだろう。オフトの表情の変わる様を見て、W杯出場は叶わなかったことを福田は悟った。

ピッチ上に座り込む者、横たわる者、泣きじゃくる選手もいる。福田は外したスネ当てを手に、所在なさげに歩いている。

「僕は泣けなかった。試合が終わった後、すぐには泣けなかった」

福田は自分自身に大きな失望感を抱いて帰国した。以後、'95年にJリーグ得点王となるまで、〝ドーハ〟は気安く触れて欲しくはない傷であり続けた。

フランス大会の予選が始まると、あの同点ゴールをテレビで目にする機会は増えていった。傷が疼くというほどではなかったが、その度に思うことがあった。

《どうして、もう少しいいプレーができなかったのか》

だが、代表の一員ではない福田に、その無念を晴らすことはできなかった。Jリーグでいいプレーをすれば消えてなくなるものでもなかった。その感情には自分自身への期待だけではなく、オフトの期待と信頼をも裏切ったという罪悪感も含まれていたからだ。

やがて巡ってきた2002年、浦和レッズは新しい監督を迎える。

ハンス・オフトだった。

《おそらく、これが最後のシーズンだろう》

2002年の契約を考えるとき、ある種の確信と共にそう思っていた福田は、因縁めいたものを感じずにはいられなかった。しかも、代表時代と同じ右サイドのMFという仕事を与えられたのだ。

福田はFWであることに強烈なこだわりを持っている。J1リーグ戦で100ゴールという、大きな目標もあった。リーグ戦30試合全てに出場できたとしても、目標までの残り12ゴールをあげるのは容易ではない。昨年の福田はリーグ戦14試合にFWとして出場し、2得点である。それがMFとなれば、なおさらだ。

それでも、福田はオフトのコンバートを素直に聞き入れた。

「他の人に『ここをやれ』と言われたら、なかなか受け入れられないと思う」

W杯で中断するまでのリーグ戦全7試合に福田はフル出場し、1ゴールを決めている。オフトの下で、本人も明確に意識しないままに、〝自分だけの最終予選〟を福田は闘い直しているのかもしれない。

北澤の心の壁は、突き崩された

6月9日、日本対ロシア戦。横浜国際競技場へ向かう人波の中を、3歳の次男を肩車して北澤豪は進んでいた。妻と5歳の長男も一緒だ。息子たちは、周りと同じ青いユニフォームに身を包んでいる。北澤は他社との契約上の道義もあり、ユニフォームは着ていない。

もちろん、日本を応援したい気持ちはあった。だが、今回のW杯の試合を、しかも日本の試合をスタジアムで見るという意思が、はじめから北澤にあったわけではなかった。

きっかけは、「W杯が見たい」という子供のひと言だった。

現役選手である北澤にとっては、「W杯は見るものではなく、出るものだ」との言い分があった。しかし、父親の立場からすれば、日本で行なわれる世界最高の大会を見に連れて行き、何かを〝伝え〟なければとの考えもあった。そして、何より《今までやってきたこと、自分が追ってきたものを目の当たりにすることも大事なはずだ》という思いがあった。《それならば、見に行くべきは日本戦だろう》

北澤は伝手《つて》を辿って選手の招待用のチケットを4枚、なんとか手に入れた。

サポーターたちと一緒に歩いてスタジアムへと向かう。それは、北澤にとって未知の体験だった。どうすればいいのかよくわからない自分を見出していた。

だが、その戸惑いは、青い人波に揺られているうちに氷解していく。

北澤の姿を目にしたほとんど全ての人は、彼が何者なのかに気づいていた。東京ヴェルディ1969の選手で、元・日本代表。

あるサポーターは「頑張りましょうね」と声をかけてくれた。あるサポーターは、今の代表選手たちに対するのと変わらないであろう態度で自分に接してくれた。心の何処かで、「代表選手以外はサッカー選手と呼ぶに値しない」というような風潮を感じ取っていた北澤にとっては、勇気を与えられるコミュニケーションだった。

《俺が初めて見にきた代表の試合、勝つのかな、負けちゃうのかな》

メインスタンドの座席に腰を下ろし、そんなことを考えながら、キックオフを待っていた。応援して、勝利を喜ぶ。そんな真っ直ぐな観戦にしたかった。

午後8時半、いざ試合が始まると、北澤は観客としての経験の乏しさを痛感する。周囲の観客たちよりも一瞬早く、プレーの良し悪しが選手である北澤にはわかってしまう。だが、気恥ずかしさから、その反応を表に出すことができない。結果として、周囲のリアクションを待ってから、自分も同調することになってしまう。北澤のゲームへの反応は、ワンテンポ遅れていた。

その日、後半6分の稲本潤一のゴールを日本は守りきった。

W杯初勝利が6万6000人の観衆に与えた火種が簡単に消えることはなかった。帰り道で、北澤の姿を認めたサポーターたちに彼は囲まれる。嫌がるどころか、北澤は彼らと共に雄叫びを上げた。思わず両腕を挙げたため、握っていた子供の手を放してしまっていた。テンションの高まった一群に子供が押し潰されそうになったことに気づき、ようやく幾分かの冷静さを取り戻した。

再び子供を肩に乗せ、街灯に照らされる帰り道を歩いていく。北澤は試合終了後に何人ものサポーターからかけられた、ある言葉を思い出し、幸福な気分に浸っていた。

「やりましたね」でも「よかったですね」でもない。彼らは自分にこう言ったのだ。

「おめでとうございます」、と。

2日後の6月11日、北澤は今大会期間中初めてテレビに顔を出した。スタジアムでの観戦に次ぐ、〝挑戦〟のひとつだった。

かつてハンス・オフトに選ばれた選手たちの多くが、W杯の〝語り部〟として様々なメディアで起用されていた。その多くがすでに引退した者たちだったが、井原のように現役選手も含まれていた。

大会前、北澤の元に積極的なオファーはやってこなかった。それは、彼とW杯の巡り合わせに気を遣ってのことなのだろうと、本人は考えていた。

北澤は2度にわたり、W杯出場をあと一歩のところで逃している。

最初はドーハだった。

ベンチ前に立っていた北澤は、左のCKをショートコーナーにされた瞬間、それを幸運だと受け止めていた。その頃のサッカーでは、ロスタイムが厳密に計られることはなく、レギュレーションにロスタイムの目安表示もない。45分を過ぎて〝しばらく〟すれば、終わりだった。ショートコーナーはタイムアップ間際の貴重な数秒を浪費するだけだった。そして、《センタリングが上がって、ホイッスルだな》と思っていた。ボールが空中に浮かんでいる間に、笛が吹かれる傾向があったからだ。だが、実際に吹かれた笛は、試合終了ではなく、イラクのゴールを意味するものだった。北澤はただただ立ち尽くすだけだった。

同点にされて以降、北澤が覚えていることはあまり多くはない。それでも、ウォーミングアップに使ったボールを片付けていたこと、そして、「キーちゃんが出てればな」という森保一のひと言は明確に覚えている。

それは同じ中盤の選手として、森保が自身を責めているようにも聞こえたし、北澤の悔しさをなだめるために言ってくれているようにも聞こえた。いずれにしろ、北澤には意外なひと言だった。

アメリカW杯予選全13試合中、北澤は2試合にしか出場していない。'93年4月に始まった1次予選直前、左足小指を疲労骨折した影響だった。プレーしたのは最終予選第3戦、対北朝鮮での途中出場と続く韓国戦のフル出場だけだ。その韓国との試合は、森保が警告累積で出られない穴を北澤が埋めた形だった。最後のイラク戦は、韓国戦のスタメンから北澤を外し、森保を戻した布陣だった。

このオフトの起用は予選終了後も論争の的となり、「勝った韓国戦のメンバーのままで戦っていれば――」と問題視されることになる。

だが、北澤本人に《俺が出ていれば》という強い気持ちはなかった。

《みんなすごく頑張っていたし、その中で出ることができなかったのだから、俺が出場していたとしても、多分、結果は一緒だろうな》

そんなふうに考えていたのだ。

4年後、北澤は再びW杯に挑戦し、チームは出場権を獲得した。だが、フランスで行なわれた本大会直前の合宿で、登録メンバーの最終選考から外れる。予選を突破できたぶん、「ドーハ」よりもマシに思えるときもあれば、突破した後だからこそ、「フランス」の方が辛いときもあった。

だが、そんな過去と、北澤は大会前に対峙しようとしていた。

2002年4月下旬、北澤は数本のDVDソフトを受け取っていた。それは、今までに販売された日本代表のビデオにDVD用の新たな要素を加えて、売り出されたものだった。映像に映っている選手たち全員に、所属クラブや事務所を通して送られていた。DVDのパッケージに「イラク」、「ジョホールバル」といった文字を見て取った刹那、北澤は不貞腐れた気持ちに支配されかけた。だが、思い直した。もうすぐ日本でW杯が始まるという時期に、〝W杯を目指していたかつての自分〟が送られてくる。そのタイミングの良さは、もちろん、製作サイドの販売戦略上の理由によるものだ。だが、北澤はそれ以外の何かを感じずにはいられなかった。

《これからは、面と向かっていかないと。あのときから、自分の中で何も進んでいないようじゃ、しょうがない。そのためには、一度クリアにしておこう》

そう思い、DVDのパッケージを覆うビニールを破った。

イラク戦を、そしてジョホールバルでの試合を、北澤が自らの意思で積極的に見たのは初めてだった。

気乗りがしなかったテレビ出演も、引き受ける勇気を持とうと思った。6月11日の放送につづき、13日にもメキシコ対イタリア戦のスタジオゲストとして、北澤はテレビカメラの前に立った。

番組も終盤になり、アナウンサーは北澤にコメントを求めた。

「明日、いよいよ日本戦ですよ」

「そうですねぇ。もう、期待してます。とにかく、頑張って欲しいと思います」

だが、翌日のチュニジア戦直前になっても、このW杯に対するわだかまりが自分の何処かにあるのを感じ、北澤は苦い思いをしていた。

「出場ぎりぎりのところまで行って出てないわけだから、悔しさが勝ってしまうわけですよ。だから、やっぱりW杯には近づけないかなとも思っていた」

自宅のテレビの前には、W杯との距離を、どうしても詰めきれない北澤がいたのだ。

《あのピッチに自分も立ちたい》

《自分は別に、なんて思っていたら、先へは続かないだろ》

《全選手が青いユニフォームを意識しないといけないんじゃないのか》

後半3分に森島寛晃が、30分に中田英寿がゴールを決める。午後3時半に始まったゲームは2―0の勝利で終わり、日本は決勝トーナメント進出を果たした。

北澤の中には、試合前に抱いていたのとはまったく別の、経験したことがないような感情が湧きあがってきていた。

今まで自分が代表選手として戦ってきたことへの震えるような誇り。それを感じさせてくれたのは、トゥルシエが選んだ23人の選手たちだった。

「俺、代表でやってきて、よかったなって。そう思いましたよ。今まで自分がやってきたことの意味を、他人によって思い知らされるなんて、考えてもみなかったけどね」

あと一歩というところまで進んでいながら、大きな結果を残すことができていない自分の代表歴に、北澤はいまひとつ自信が持てていなかったのだ。

北澤の心に最後まで残っていたW杯への壁は、その誇りによって突き崩された。6月14日、北澤とW杯との距離はゼロになった。

森保に羨望の気持ちは生まれなかった

グループHを1位で通過した日本は、6月18日、宮城スタジアムでトルコと対戦することとなっていた。試合前日、拠点である北の丸を出発した代表チームは、空路で仙台へと移動。午前11時半過ぎ、仙台ロイヤルパークホテルにチェックインした。

幹線道路を挟んだ斜め向かいには、ベガルタ仙台の練習場があった。直線距離にすれば300mほどしか離れていない。練習場のピッチからも、7階建てのホテルの上4フロアが見渡せる。〝申し子〟はそのピッチにいた。

〝オフトの申し子〟森保一。

そう呼ばれることは、森保にとって、素直に喜べるもので、光栄ですらあった。

オフトが代表監督に就任する5年前に、森保は彼の指導を受けている。そのとき、森保の守備的MFとしての資質を見出したオフトは、代表監督として戻ってきたとき、国内ではまったく無名の存在だった彼を代表候補として招集した。

オフトが就任して最初の試合、'92年5月31日のキリンカップ。アルゼンチンを相手に日本は0―1で敗れる。だが、1点に抑えたことを賞賛していい内容と結果だった。この試合で、フル出場した森保の評価は一気に高まった。後日、アルゼンチンのエースであるクラウディオ・カニージャが「やりづらかった選手」として森保の背番号を口にしたことが報道されると、森保は無名選手から不可欠の存在へと変わっていた。

あの日から10年を経た2002年5月30日、森保は再びアルゼンチンと戦う機会に恵まれる。Jヴィレッジで合宿中のアルゼンチン代表とベガルタ仙台との練習試合だった。あのときゴールを決められたガブリエル・バティストゥータも、カニージャもその場にいた。そのことに、森保は一方的な喜びを感じていた。W杯前の最終調整ということもあり、アルゼンチンの選手たちは明らかに力をセーブしているようだった。試合は1―0で仙台が勝ったが、彼らのプレースピード、判断スピードに森保は試合をしながら感激していた。

その後、オフに入ったベガルタのトップチームが練習を再開したのは、ちょうど日本代表が到着した日の午後だった。オフ明け直後ということで、フィジカルトレーニング中心のメニューが組まれた。休憩の間には代表チームに関する話題が尽きない。

「おい、○○がこっち見てるぞ」

ホテルを指差し、そんな冗談も飛んでいた。

《後で、電話してみようかな》

森保は、仲の良い森島や秋田豊に直接、激励の言葉を伝えておきたかった。

だが、結局は思いとどまった。試合に集中して欲しいと考えたからだ。

自分が摑みかけたW杯が日本で行なわれる。その事実に、森保が痛痒めいたものを感じることはなかった。世界最高峰のサッカーが見られるという期待ばかりがあった。開幕戦を韓国まで見に行き、宮城スタジアムで行なわれた試合はすべて観戦していた。翌日のトルコ戦のチケットも手に入れてある。

大会期間中、日本代表への関心が急速に高まって以来、テレビ画面にイラク戦の同点シーンが映される機会も増えていた。

「あれ、ジャンプしてるのお父さんだよね」

あのW杯予選の年に生まれた次男が、テレビを指差す。画面に映っている自分は、ショートコーナーから上げられるセンタリングを何とかして防ごうと、ニアサイドで地面を蹴ったところだった。

「お父さんも、ひょっとしたらアメリカの時に行けてたかもしれないんだよね。出れてたら、スゴイよね」

2歳上の長男が言う。2人ともスポーツ少年団でサッカーをやっている。

《自分が出ていたら、子供にもっと夢を与えられたのかな》

森保はそんなことを考えた。

ふたりがあの試合に興味を持っていることは明らかだった。それでも、「あの試合のビデオ見たい」とねだってくることはない。

《多分、あの映像が流れると、俺が黙り込むことに気づいているんだろうな》

ビデオを見る気には、どうしてもならなかった。イラク戦はもちろん、他の最終予選4試合のビデオも森保は一度も見ていない。見ることができない、というのが正直なところだった。あの同点シーンを偶然目にするだけでも、胸が詰まるような気がしてくる。

《ひょっとしたら、可能だったんじゃないか》

そんな思いがあるからだ。

ショートコーナーにされた直後、ボールにプレッシャーをかけに走ったのは、最も近くにいた三浦知良だった。勢いよく飛び込んでしまったカズはワンフェイントでかわされる。センタリングはカズの数メートル後方でジャンプした森保の頭上を越えていった。

《自分がもっとプレッシャーをかけに行っていれば、体に当てることができたのではないか。あるいは、カズさんとポジションを代わっていれば、守備的な自分の方がFWのカズさんよりも相手に食い下がり、センタリングさせずに済んでいたのではないか》

その問いかけは、今も居座りつづけている。

《俺はあのとき、どうしていればよかったんだろう——》

6月18日、日本対トルコ戦。9時半からの練習を終えた森保は家へ戻ると、息子たちを連れて宮城スタジアムへと向かった。練習終了間際に降り出した雨は次第に強くなっていく。息子たちは青いユニフォームを、森保は青いウィンドブレーカーを羽織っていた。森保の心境はサポーターに近いものだった。

雨の中の戦いは、1—0でトルコの勝利に終わり、日本代表の2002年W杯は幕を閉じた。

森保は《よくやったよ》と思っていた。勝てたかもしれない試合ではあったが、それよりも、ここまで勝ち進んできたことを称えてあげたかった。

スタジアムを一周する選手たちの姿を目にしても、W杯出場を果たした者への羨望はやはり浮かんでこなかった。自分が出場できたかもしれないアメリカ大会を夢想することもない。考えるのは、予選のことだった。

「よくラモスさんが言ってませんでした？　『予選だけクリアできれば、オレは本大会には出なくてもいいんだ』って。僕も、本当にそういう感じなんですよ」

《もう一度、予選を戦いたい》

ただそう思っていた。

大会終了後、MVPに選ばれたのはドイツのGK、オリバー・カーンだった。GKの重要性が評価されたという意味で、彼の受賞は松永成立にとっても歓迎すべきことだった。

今大会中、松永がスタジアムまで足を運んだのは1試合だけ。それも、契約メーカーからチケットを貰ったからという理由だった。

松永が本当に見たかったのは、練習だった。

ドイツとイングランド、この2カ国は他の国に較べ、GKのプレーに対する見方が緻密で厳しいと考えていたからだ。そんな国の代表チームは、どんな練習をGKに課しているのか。京都パープルサンガでGKコーチを務める松永は知りたかった。

淡路島でキャンプ中のイングランド代表が練習を公開していないことは知っていた。それでも諦めきれず、サッカー協会に頼んでなんとか渡りをつけ、淡路島へと飛んだ。

だが、結局、見ることはできなかった。

大会期間中の松永の感情は、完全に指導者のそれだった。フランス大会当時、現役選手だった自分が感じていた悔しさや羨望は、もう影すらも見せない。松永自身が不思議に思うほど、消え失せていた。そして、代わりに湧いた感情は、《1人でもいい、自分のチームから、あの場に立つ選手を出したい》というものだった。

左からのコーナーキック。

オムラムのヘディングシュートは決して強烈なものではなかった。だからこそ、松永はそのシュートを見送った。見送ることしかできなかった。緩やかな放物線を描いて飛ぶボール。それは、GKにとって最も反応しづらいシュートだった。

あの日、最後までロッカールームにいたのは、松永だった。

ベンチに腰掛けてうなだれたままの松永に、コーチの清雲栄純が声をかける。

「もう帰るぞ」

「……はい……」

だが、松永は動こうとはしない。同じやり取りが何度か繰り返された。他の選手たちがバスに乗ってからも、松永はうなだれたままだった。自分たち以外誰もいなくなったロッカールームの中で、清雲は松永の肩をたたき、言った。

「もうみんな帰ったから、俺たちも行くぞ」

肩をたたかれた感触が、ようやく松永を現実の世界へと引き戻した。

「俺たちで日本サッカーの歴史を変える」

それが、このチームの合言葉だった。彼らが言う「歴史を変える」とはW杯出場のことであり、それは達成されずに潰えた。だが、日本サッカーの歴史を変え始めたのがこのチームであったことは、間違いない。そして、彼らが歴史に与えたスピードは、今もなお失われてはいない。

1990年イタリア大会、一次予選敗退。

1994年アメリカ大会、最終予選敗退。

1998年フランス大会、0勝3敗。

2002年韓日大会、2勝1分け1敗。

《日本代表は強いんだというところを見せなければならない》

そう意識して、松永は戦ってきた。だから、ある意味では、今の代表選手は自分たちよりも大変なのかもしれないと思う。もうアジアで勝つだけでは、選手自身も、周囲も、満足できないからだ。

それでも、やはり代表は勝ちつづけなければならないと松永は思う。

「すごく厳しいですけどね。でも、そのくらい代表って重みがあるし、それに耐えられないようなら、入る資格もないと思います」

（小齋秀樹）

本書は『Sports Graphic Number』
『Sports Graphic Number PLUS』
以上の二誌に掲載された作品に
新原稿を加えた文庫オリジナル版です。

編集協力　後藤匡宏
写真　佐貫直哉、西山和明、日本雑誌協会
図表制作　山本遼
本文デザイン　桝田健太郎

文春文庫

ワールドカップ戦記《せんき》
飛翔《ひしよう》編《へん》 1994-2002

定価はカバーに表示してあります

2012年6月10日 第1刷

編　者　スポーツ・グラフィック ナンバー
発行者　羽鳥好之
発行所　株式会社 文藝春秋

東京都千代田区紀尾井町3-23 〒102-8008
TEL 03・3265・1211
文藝春秋ホームページ http://www.bunshun.co.jp

落丁、乱丁本は、お手数ですが小社製作部宛お送り下さい。送料小社負担でお取替致します。

印刷製本・凸版印刷

Printed in Japan
ISBN978-4-16-721790-7